广东省教育科学规划课题"拓展式学习：新媒体时代语文学习范式的探索与实践"（项目编号2020YQJK371）研究成果

TUOZHANSHI JIAOXUE MOSHI YU ANLI

拓展式教学：模式与案例

孔蓉蓉　马晓娜　吴亦婷　著

·郑州·

图书在版编目（CIP）数据

拓展式教学：模式与案例 / 孔蓉蓉，马晓娜，吴亦婷著 . -- 郑州：河南大学出版社，2022.5
ISBN 978-7-5649-5146-7

Ⅰ．①拓… Ⅱ．①孔… ②马… ③吴… Ⅲ．①课堂教学－教学研究－中小学 Ⅳ．① G632.421

中国版本图书馆 CIP 数据核字（2022）第 084587 号

责任编辑	赵海霞
责任校对	张玉梅
封面设计	马　龙

出版发行	河南大学出版社
	地址：郑州市郑东新区商务外环中华大厦 2401 号
	电话：0371-86059701（营销部）
	网址：hupress.henu.edu.cn　　邮　编：450046
排　版	河南大学出版社设计排版部
印　刷	广东虎彩云印刷有限公司
版　次	2022 年 5 月第 1 版　　印　次　2022 年 5 月第 1 次印刷
开　本	787 mm×1092 mm　1/16　印　张　11.75
字　数	184 千字　　定　价　46.00 元

（本书如有印装质量问题，请与河南大学出版社联系调换。）

前　言

　　人生在世总有许多值得我们去做的事情。对于一直从事教育行业的我们来说，在一次次的试课和改课中探寻宝藏，在一场场有温度、有惊喜的教育修行中提升自我，就是最值得我们去做的事情。

　　如今，随着生活水平的提高，人们对教育有了更高期盼，教育发展改革，迈入了高质量发展新阶段。教育要为社会主义现代化国家培养德智体美劳全面发展的社会主义建设者和接班人，我们教师就要立足新阶段，践行新发展理念，构建教育发展新格局，谋写教育发展新篇章。

　　提升教学模式的改革力，需要我们坚决打破加大容量、加快进度、扩大题量、强化训练的传统教学方式，遵循"尊重差异化、支持个性化、聚焦思维能力培养"的教学改革方式，探索除了要求学生学到知识，也能再进一步锻炼学生能力的好课。这就要求课堂必须是充实的，有效率的，并且是具有生成性的，能让教师和学生的真实情感、思维活力在课堂互动中体现出来。这样的课堂说起来容易，其实真正做到很难。这就需要教育者要有勇气、有想法、有行动去突破传统教学模式。我们也是这样，为了这个目标，我们充分利用课堂作为主阵地，去探索各种各样的教学可能，积极承担起新时代课堂教学改革与创新的历史使命。尽管，我们在尝试的过程中也不可避免地遇到了很多问题，但正是因为这些问题，反而激起我们不断创新改革的动力。

　　这一次我们选择的研究对象是拓展式教学。该教学模式历史悠久，早在1931年时夏丏尊先生就在《关于国文的学习》一书中提到："我以为最好以选文为中心多方学习，不要把学习的范围限在选文本身"，从拓宽知识面的角度提出拓展式教学的理念雏形。而后又有芬兰学者恩格斯托姆、我国学者叶圣陶等教育大师相继丰富拓展式教学内容，才有了今天的拓展式教学的基本理论。在该教学理论的指导下，我们立足于教学实践，积极学习拓展式教学的基本理论，不断丰富教学内容和创新教学方法，一次又一次精心地打磨课例，将生命课堂、合作课堂、发展课堂、思维课堂、创意课堂等融入其中，让一次次精彩，慢慢地从一节节课的实践中绽放出来，也让学生从拓展式教学中感受到学习的意义和知识的美妙，留下了一幕幕精彩的教学剪影，这些都是令我们感动的瞬间。

拓展式教学对培养学生的主体意识和创新精神、促进师生的教学相长等具有积极的实践意义。具体而言，通过问题式教学、导向教学、激趣教学、互动教学、活动教学等不同方面，我们对拓展式教学进行一些探索，这既是弥补"知识本位"传统教学的不足，也是期待"学生本位"现代教学的创新。

路漫漫其修远兮。希望通过这本书，能够给广大读者提供一些教学参考，共同为我们热爱的事业注入一些新的活力和能量，带来一片更广阔美好的新天地。

作者

2022 年 4 月

目 录

第一章 拓展式教学的起源发展 1
　　第一节　拓展式教学的背景与提出 1
　　第二节　拓展式教学的内涵与原则 6
　　第三节　拓展式教学的价值与意义 10
　　第四节　拓展式教学的误区与优化策略 13

第二章 问题教学模式及经典案例 24
　　第一节　问题教学模式概述 24
　　第二节　自探共研的问题教学 30
　　第三节　多维开放的问题教学 37
　　第四节　任务驱动的问题教学 45

第三章 导向教学模式及经典案例 53
　　第一节　导向教学模式概述 53
　　第二节　对资源进行充分利用 59
　　第三节　对问题进行全面思考 66
　　第四节　对实践进行有效操作 74

第四章 激趣教学模式及经典案例 83
　　第一节　激趣教学模式概述 83
　　第二节　在游戏中激趣 90
　　第三节　在欣赏中激趣 100

第四节　在实践中激趣……………………………………107
第五章　互动教学模式及经典案例………………………………115
　　　第一节　互动教学模式……………………………………115
　　　第二节　认知与领悟………………………………………120
　　　第三节　思考与拓展………………………………………128
　　　第四节　表达与创新………………………………………135
第六章　活动教学模式及经典案例………………………………143
　　　第一节　活动教学模式概述………………………………143
　　　第二节　创设情境　巧用活动……………………………151
　　　第三节　联系生活　体验活动……………………………161
　　　第四节　拓展激趣　实践活动……………………………172

后记……………………………………………………………………181

第一章　拓展式教学的起源发展

学生发展核心素养是目前我国基础教育课程改革的一个核心概念，它既是对已有教育理念、目标的提炼，又是教育改革与发展的主题。它要求学生应具备能够适应终身发展和社会发展需要的必备品质与关键能力，它的提出赋予了课堂教学更高和更新的要求。教学是知识传授与技能形成的主要途径，也是学校实现培养目标的基本途径。在新一轮课程改革和信息化背景下，核心素养的提出，明确了对未来社会人才品格与能力的要求，为深化课程改革和教学改革提供了方向。然而知识本位，以教师为主的单一化注入式传统课堂教学，低估了学生的能力，导致学生处于被动的学习状态，学习积极性不高、学习效率低等不良现象。当前，中小学课堂教学亟须融入新时代因素，探索符合学生特点和具有时代特色的教学方式，培养综合素养较高的学生。本书结合新时代和核心素养的要求，以先进的教育理论为指导，探索建构新的课堂教学模式。

第一节　拓展式教学的背景与提出

拓展式教学是在教学中广泛使用，但研究较少的一种教学法。新时代教育技术的先进性和教学资源的丰富性给学校教育带来了很大的福音，教育现代化技术与教学的深度融合将成为学校教育的必然趋势。从语文阅读的拓展教学到其他学科拓展教学的实践，再到语文拓展式教学的理论建构，拓展式教学凭借开放性、前瞻性和综合性的特点，激发了学生的求知欲和学习的积极性，提升了课堂的教学效果。事实上，立足新时代的教育技术和教学资源，丰富和改进学习方式，重构课堂教学模式，是新课程改革和素质教育下课堂教学的必然要求。

一、拓展式教学的背景

（一）国外对拓展式教学的研究现状

在国外，关于拓展式教学，近年来一些学者对此做了不少研究，归纳起来主要有：

1.1987年，拓展式学习的理论与概念，是由芬兰学者恩格斯托姆在《通过拓展学习：一种关于发展性研究的活动理论方法》一书中最早提出的。他认为适应当代发展的新专业知识需要由一种新的方式产生，它不是建立在传统观念中那种稳定的个人知识和能力基础上，而是要建立在跨边界、网络化的工作交流、协商合作的团队能力上，以应对不断变化的挑战和自身活动系统的不断重组。在拓展式学习中，学生必须阐明知道的某个领域的具体问题，独立地收集与该问题相关的信息和数据，在该领域最新的研究背景下详细地解释这些信息，并且用论文的形式综合研究的结果。

2.20世纪80－90年代起，拓展式教学模式被信息化时代所推崇，并在欧美国家广泛流行，美国在这方面一直走在前沿。美国教育家大卫·科伯将人的学习分为四个阶段的循环——具体体验、反思观察、抽象概括、行动应用。他认为学习是由具体的经验出发，接着个人在经验活动中进行观察和反思，然后将其反省观察的结果整理成合乎逻辑的理论，因而获得抽象概念并加以内化，最后在新的情境中解释概念的正确性，在行动中形成新的经验并解决问题。

3.进入21世纪，随着社会对高质量复合型人才的迫切需求，国外学者广泛加强了拓展式教学理论的研究，并将其广泛运用于商业、医疗、学习等实践性领域。美国知名学者Arnold Greenburg指出，21世纪的工作环境要求人们能够进行实践性工作，按照工厂模式批量制造一个模子的中学生的时代必将成为过去。

（二）国内对拓展式教学的研究现状

早在 1931 年，夏丏尊先生就在《关于国文的学习》一书中提出："我以为最好以选文为中心多方学习，不要把学习的范围限在选文本身，"[①] 从拓宽知识面的角度提出拓展式教学的理念雏形。叶圣陶先生曾提出：教材无非是个例子，凭这个例子要使学生能够举一反三。2000 年，国内教育工作者开始把拓展式学习应用于教育领域，较为突出的是首都师范大学进行拓展式学习教学的尝试，拓展式学习教学成为高师培养师范生教育科研和教育反思的新模式；2003 年浙江大学教育学院、江苏技术师范学院等若干院校开始把拓展式学习整合到学科教育上，拓展式学习教学成为培养师范生科研能力的新途径；2005 年湛江师范学院从"项目学习"着手进行拓展式学习教学，拓展式学习教学成为培养师范生教育创新能力的有力推手。

综合上述，尽管已有成果对拓展式教学的宏观研究内容较为丰富，具有重要的理论价值和经验借鉴，但对于拓展式教学的理论构建、教学模式的类型和策略的关注上，教育界尚缺乏深入而具体的讨论。无论从成果数量、研究内容，还是从研究方法上都显薄弱，期待更多的学术和实践投入。

二、拓展式教学的特征

（一）重视课外阅读的积累

苏联教育家苏霍姆林斯基曾说过："课外阅读是智力生活的指路明灯，是智力发展的必要条件。"[②] 课外阅读是一种有效的教学补充，阅读是开阔视野和丰富个人阅历的主要方式，是积累和沉淀知识的重要手段。将知识、生活、学科的拓展融入课堂教学中，既是时代发展的要求，也是教育教学的一种进步。综合性的拓展与课堂教学相结合，能够改变传统教学的知识本位的现象；能够丰富学生的教学体验，激发学生的求知欲；能够促

[①] 刘国正.《叶圣陶教育文集》（第二卷）[M].北京：人民教育出版社，1994.

[②] 霍姆林斯基.给教师的一百条建议[M].周渠，王义高，刘启娴，等译.武汉：长江文艺出版社，2014：11.

进学生形成良好的学习和阅读习惯，提高学生的审辨思维和文化理解与传承素养。这无疑对国家、社会、个人的发展都有深远的意义和影响。

课外阅读对学生的学习具有很大的应用价值。对学校来说，能够建设更加民主开放的课堂氛围和学校氛围，探索和打造符合学校特色的教学思想和教学方法；对教师来说，阅读可以开阔视野，丰富个人的阅历，构建更加完善的知识体系，把教材研读通透，对课内外知识运用自如；对学生来说，能够强化人文精神，培养研究素养，形成自主学习的意识和能力。

（二）符合核心素养的要求

《中国学生发展核心素养》建构了三大领域六个指标的体系总框架，以培养"全面发展的人"为核心，包括自主发展、社会参与和文化基础三个领域，综合表现为学会学习、健康生活、责任担当、实践创新、人文底蕴和科学精神六大素养，具体细化为国家认同等十八个基本要点。培养学生的核心素养，已成为基础教育改革与发展的重要课题。核心素养是课堂变革和学校育人课程体系重构的重要依据，是对立德树人精神要求的具体化。

核心素养的落实，需要注意以下几点：首先，需要遵循"以人为本"、层次性和差异性三大原则，以帮助学生在知识学习之余，习得解决问题的能力和科学的思维方式；其次，要求教师提高自身素养，更新教育理念，准确把握各阶段教学的深度和难度；最后，学校需要结合学生的个性需求和未来社会的发展需要，设计课程体系、教学体系和评价体系。学生核心素养的养成，需要社会、家庭和社会的多方协作努力，才能更为科学有效地提供满足不同学生不同层次的核心素养发展需求、环境和场域，进而促进学生逐渐形成适应终身发展和社会发展需要的必备品格和关键能力，为学生核心素养的养成保驾护航。

（三）顺应社会发展需求的融合趋势

在我国经济社会和科技革命快速发展，新技术、新业态、新职业层出不穷的社会背景下，各行各业对人才的人文素养、思想素养，特别是专业素养的要求越来越高，培养学用结合的应用型和技术技能型人才具有很大的必要性和现实价值。中小学的学校教育要以社会需求为导向，立足现实，为未来应用型和技术技能型人才的培养奠定坚实的基础，注重学生实践创新能力的培养，通过学科竞赛和科技文化节等课内外活动，渗透科学精神，激发创新思维，让学生在不断的实践中提升个人的综合能力。

社会对新型人才的需求要求学校建构更加适合人才培养的教学方式。传统的教学以教师为中心，重结果轻过程，重理论轻实践，与"以生为本"的主体性教学理念相悖，已然不再适用于新时代教育改革下的教学。学校和教师需要根据不同阶段的教学要求，结合社会的发展需求，革新教学方式，使学生形成一定的学习能力，提高个人综合素养，意识到在学生学习内容、学习形式、学习方法等方面进行网络拓展、生活拓展和学科拓展的必要性，在实际教学过程中关注知识的内在逻辑联系，填补知识学习的空白，培养学生由理论知识向应用实践的转化能力，有效避免频繁出现单纯追求分数的现象。为满足应用型和技术技能型人才的社会需求，拓展式教学的产生顺理成章。

（四）满足新时代学生拓展视野的要求

在信息高速发展的今天，"两耳不闻窗外事，一心只读圣贤书"思想早已落伍，传统教学方式的教材传递信息的速度远不能满足信息时代教学的需求，满足新时代学生拓展视野需求的教学模式亟待探索。许多学生对课本不感兴趣，但却喜欢阅读科普类读物，热衷于纪录片和动漫片，刷抖音、微博……不可否认，学生有娱乐消遣的需求，但更有拓展视野的渴求。如何利用教育技术和教学资源，基于教学内容实现知识信息在时间上和空间上的无限拓展，是困扰广大教师的一大难题。在信息化时代，阅读是学生拓展视野的重要方式，多媒体教学作为教学的重要手段，教师能否将两者进行有效结合，直接决定了课堂的教学效率和质量。传统以课本为主的教学模式不再适应时代教育发展的需求，也难以满足新时代学生拓展视野的需求，新型教学模式的探究已在路上。基于此，拓展式教学在知识、思维、生活三方面进行拓展，创设多维度学习资源，充实教学内容，满足学生成长需求。拓展式教学作为一种创造性的教学策略和教学手段，符合素质教育实质要求，有利于新课程改革。

第二节　拓展式教学的内涵与原则

拓展式教学回应了新一轮课程与教学改革和核心素养培养的要求，是教育技术与教学内容、学生需求相结合的产物，体现着教育教学理念的不断更新。为适应社会发展需要，满足学生成长的需要，提升学生核心素养及培养阅读和思考的能力，广大教师通过教学实践探索和创新，逐渐发现了教学过程中在教学内容、教学时空和教学方法上进行拓展对教学实效提高的重要性。拓展式教学旨在通过拓展教学，培养学生的主体意识，激发学生的学习兴趣，强化知识认知，培养学生的科学思维模式，提升学生学习、解决问题的能力。

一、拓展式教学的内涵

在进一步认识拓展式教学的目标和实施方法之前，首先需要对拓展式教学的内涵进行了解。何为拓展？牛津现代高级英汉双解词典第406页中拓展的英文解释为"extend－make longer（in space or time），enlarge"，指的是在时间和空间上拓得更远、更大。在《现代汉语词典》中，"拓展"是开拓发展之意，意思是在时间和空间上的延伸。何为教学？关于"教学是什么"，不同的学者有不同的见解。中国教育理论家王策三提出："所谓教学，乃是教师教，学生学的统一活动，在这个活动中，学生掌握一定的知识和技能，同时身心获得一定的发展，形成一定的思想品德。"[①] 美国教育心理学家布鲁纳认为，"教学是通过引导学习者对问题或知识体系循序渐进的学习来提高学习者正在学习中的理解、转换和迁移能力"[②]。在新课程

[①] 王策三. 教学论稿 [M]. 北京：人民教育出版社，1985：88-89.
[②] 顾明远. 教育大辞典（上）[M]. 上海：上海教育出版社，1998：711.

理念下，一般认为，教学是一种尊重学生理性思维能力、尊重学生自由意志，把学生看作是独立思考和行动的主体，在与教师的交往和对话中，发展个体的智慧潜能、陶冶个体的道德性格，使每个学生都达到自己最佳发展水平的活动。① 拓展与教学的结合，是通过立足文本，进而对学生的知识和能力训练进行有效的补充，激发学生的积极性和兴趣，促进学生全面发展的一种提高课堂效率的教学方式。

拓展式教学理念的研究源远流长，与这一概念相关的名词还有：拓展训练、拓展培训、拓展学习。其中1942年成立的阿拉伯威海上训练学校，是拓展训练的雏形，也是"拓展"教育教学方法的最早引入，但当时还未明确"拓展"作为教育教学方法的概念。由于英国利用户外活动（OUTWARD-BOUND）进行培训取得了良好的成效，这一培训形式后来在教育培训领域得以普及，1995年中国引入OUTWARD-BOUND体验式培训并称之为"拓展培训"。从1987年开始，学者们不断对拓展教学进行探索和实践。就目前来看，拓展式教学已被广泛应用于教育领域，教学实践研究涉足很多学科，其中在语文教育领域特别是阅读教学的研究上得到了广泛的关注，其他学科对该方法的研究相对较少。简单来说，拓展式教学是通过三个拓展，即知识拓展、思维拓展和生活拓展，扩大教学的内容和教学时空，在教学的过程中综合运用多种教学方法，让学生有丰富的教学体验和课堂参与的机会，以导促学，充分发挥教师的引导作用和学生的主体性地位，提高教学实效，促进教学相长，共同提高。

从教学应用的视角来看，拓展式教学是新一轮课程与教学改革与核心素养相互融合需要的结果，是新时代课堂教学方式的改革与创新。拓展式教学的创新之处包括以下几个特征：一是针对性。拓展式教学在教学内容、教学时空和教学方法的拓展上是有针对性的拓展。教学内容的拓展是以教材为基础，利用教育技术的优势，将某一具体教学内容与其他相关知

---

① 全国十二所重点师范大学联合编写.教育学基础（第二版）[M].北京：教育科学出版社，2008：191.

识进行的拓展。针对性是拓展式教学有效实施的保障，只有针对具体的教学目标，教学拓展才能具有明确的方向，进而保障教学的质量和实效，切实做到拓展学生视野的目的。二是选择性。拓展式教学应体现新课改的要求，教师在知识传授的同时也应注重学生各方面能力的培养。教师应关注学生的生活经验和认知经验，所选的拓展教学内容应符合学生的认知发展水平和身心发展规律，这也要求教师对教学内容和拓展内容的深度和难度进行合理的把握。三是创造性。各学科教师应创造性地开展各类教学活动，为学生创造各种实践机会，增强学生在各种场合学习和运用学科知识的意识，从多方位、全方面提高学生的综合素养，让学生真正做到学以致用。

二、拓展式教学的基本原则

在新一轮课程改革背景下，为有效地实施拓展式教学，教师需立足教学实际，并以一定理论为指导。在开展拓展式教学时，教师需遵循以下几条原则。

（一）主体性原则

学生是教学的对象，是课堂教学的主体。学生的发展和成长是教学的出发点和归宿点。学生是能动的主体，教师在进行拓展式教学的过程中，在发挥教师主导作用的同时充分发挥学生的主体地位，促进教学双边活动的开展，使学生的主动性、积极性和创造性都得以充分发挥，让教学过程处于师生协同活动、相互促进的状态。学生主体地位是否能得到尊重直接影响学生的学习意愿和教学效果，因此，在进行拓展式教学时，应在教学目标、过程和结果三方面突出学生的主体地位，以提高学生的知识应用能力，保障学生实现举一反三和学以致用，促进学生的全面发展。

（二）多样性原则

其一，由于教学内容和学生的客观差异，教学目标存在着不确定性，拓展式教学以培养兴趣、发展个性为目的，因此需要承认差异，因材施教,使每个学生都在原有的基础上得到发展。其二,教师教学时需要灵活变通,根据学生学情调整教学计划和方法,富有伸缩性。教学不是把课前准备的教案简单地搬到讲台上进行复述,教案只是教师为顺利而有效地开展教学活动,对课堂教学可能产生的各种情境进行的课前预设,而教学面对的是一个个活生生的有思维能力的学生,因此教师在实际教学过程中不能死扣教案,忽视课堂的生成性。其三,基于学习时间、地点和参与人数,教师可根据教学内容、学生实际情况设计形式多样的教学活动,避免过于单调。各学科都有不同的教学模块,内容的广泛性和学生需求的多样性决定了拓展式教学实施方法的多元趋势。多样性的原则也是新课程与教学改革背景下学生综合素养培养的重要需求。

(三)生活性原则

教学内容的选择应尽可能地联系学生的实际生活和时代特点,避免形式单一的教学方式。在教学过程中建立教学内容与生活的联系,创设生动具体的生活情境,不仅能提高学生的学习兴趣和课堂参与的积极性,让学生有更多的感性体验,也能让学生在特定的情境中理解知识,并运用所学知识分析和解决现实问题,达到学懂学会,学以致用的目的。同时,文本内容向生活的拓展延伸,对拓宽学生的视野,培养发现意识,发展思维能力都有一定的促进作用。

(四)适度性原则

拓展式教学并不意味着处处拓展。总体来说,各学科教材内容上可进行的拓展的教学内容很多,教材外可用于拓展的资源也十分丰富,林林总总,容易令人眼花缭乱。不可否认,内容的拓展可以拓宽学生的视野,但受教学目标和教学进度限制,教师在有限的时间内无法向学生呈现大量的拓展材料,因此文本内容的拓展要遵循适度性原则,减少不必要的知识拓展。此外,进行教学拓展时,教师应立足学生的认知水平和教学目标,准确把握拓展材料的深度和难度,在学生可理解和接受的范围内进行适当的拓展,才能达到拓展教学的目的。否则会适得其反,造成打击学生学习自信心和学习积极性的不良后果。

(五) 高效性原则

拓展教学不是盲目的拓展，拓展内容应服务于教学，以达到提高教学实效的目的。在有限的课堂教学时间内，只有在完成基本教学任务的前提下进行，拓展教学才具有真实的意义。为使拓展材料更好地起到辅助和促进教学作用，教师需要合理安排各教学环节的时间，优化教学方式，借助多种教学资源和教学手段，将教学内容与拓展材料进行有效结合，在拓展知识丰富视野的同时，让课堂变得生动、有趣和高效，对发展学生的思维能力，培养自主学习能力也有一定的积极作用。不可将教学内容与拓展材料孤立而谈，否则，教学不仅无法实现拓展的目的，浪费了宝贵的课堂时间，还容易导致教学目的不明，主次不分，偏离拓展教学的初衷。

第三节 拓展式教学的价值与意义

以不脱离教学内容为前提进行的拓展式教学，是一种在教学中被广泛应用但研究较少的教学法，其综合运用多种教育技术和教学方法，在教学内容、时空和方法三方面进行拓展，既是对教学内容的一种有效补充，也弥补了"知识本位"传统教学的不足，提高了学生的积极性和学习兴趣，促进教学相长和课堂教学质量的提高。拓展式教学与传统教学相比有明显的优势，其在教学中的应用对学生、教师、课堂三者都具有一定的积极影响，主要体现在以下几个方面。

一、有利于学生的全面发展

面对经济、科技的迅猛发展，面对新时代对提高全体国民素质和人才培养质量的新要求，教育改革的重心愈发侧重于素质教育的发展，以及学生学科核心素养的提升。素质教育是面向全体学生、以提高受教育者各方面素质为目标的教育。在传统的课堂教学中，教师主讲、知识本位的应试教育，不利于对学生个人综合素质的培养。学生学科核心素养则是学生通过学科学习而逐步形成的正确价值观、必备品格和关键能力。拓展式教学满足了新一轮教育课程改革和发展素质教育、提升学生学科核心素养的需求，通过综合利用多种教学方法和教学资源，在知识上和思维上进行拓展延伸，从多个角度对有限的课本内容进行有效的补充，利用丰富的情境感知和活动体验让学生在获取知识的同时也提升自身的能力。拓展式教学的应用，弥补了传统教学重理论轻实践，重结果轻过程的不足，多样学习平台的搭建，让学生在具体的情境和实践活动中锻炼和提升自己的各项能力，有利于实现全面发展。

二、有利于学生个性的发展

我国著名教育家冯恩洪先生说过，教育的真谛在于促进人的个性化和社会化的和谐发展。受先天因素和后天环境的影响，青少年身心发展具有差异性和不均衡性，这就要求广大教育工作者不仅要重视学生的共性，也要关注学生的个性，选择最有效的教育途径，做到因材施教，使具有各种个性差异的学生都能获得最大限度的发展。拓展式教学体现了生本教育的理念，以生为本的教育营造了一种平等、和谐、开放的学习氛围，充分尊重学生的学习自由，重视个体的有效参与，提高了学生的学习积极性和学习兴趣。在这样一种积极、生动、个性化的学习方式下，学生成了课堂的主人、课外的主宰，敢于和善于发表自己的看法，个体自主性和主动性得到尊重和发展，有利于学生个性的发展。

三、有利于提高学科教学质量

各学科各有所长，虽然具体的学科课程标准不尽相同，但在学生能力培养的要求上有一些相似之处，有着共同的育人功能。在相关理论指导下，对拓展式教学的不断实践和研究，可以让研究者进行更加全面、系统的反思，进而更加科学地总结自己在教学过程中的经验和教训，取长补短，以便更好地指导以后的教学实践，不断地提升教学质量和效益。"兴趣是最好的老师"，拓展式教学在内容、时空和方法上的拓展，不仅能更好地调动学生的学习兴趣，也能开阔学生的视野，帮助学生更好地理解知识间的联系，完善对内容和学科的认识。教学实践中的拓展，可以更好地调动学生学习的热情和课堂参与的积极性，提高学生的学习效率和课堂教学实效。

四、有利于培养学生的主体意识

拓展式教学改变了以往的家长式、保姆式和灌输式的工作方式，转而让学生由"管理对象"变成"管理主体"，使学生成为课堂的主人，成为个人知识习得、能力发展和素质提升的主人，充分发挥学生的主体作用。教师实现了由"教"到"导"的转变，由领路人向指导者升华；学生则由原来的"要我学"变成"我要学"，由知识的接受者、认同者向探索者转变。拓展式教学改变了教师的绝对权威地位，把课堂的主动权归还给学生，体现了师生平等的教学关系，这有利于培养学生的主体意识，发挥学生的主观能动性，提高学生分析问题和解决问题的能力。

五、有利于培养学生的创新精神

创新精神和创新思维并非与生俱来的，而是通过学习、领悟和实践逐渐培养而形成的。拓展式教学中不仅注重对文本内容的拓展，也注重思维拓展和方法的拓展。思维的拓展主要是建立课内外知识及学科知识间的联系，这样的拓展跨越了时间和空间，不同于常规的思维，是不满足于已有知识而追求新知的需求，是不墨守成规而敢于质疑和探索的表现，是不怕犯错而灵活地应用已有知识和能力解决问题的尝试。拓展式教学改变了过去死记硬背的被动学习方式，注重对学生进行启发教育，鼓励学生探索，教会学生如何主动学习，最大限度地调动了学生的学习热情，在教学过程中逐渐培养学生的自主学习能力和批判意识，让学生具有主动地获取更多更全面的知识和敢于质疑的态度，从而激发学生的创新意识，培养学生的创新能力。

六、有利于教学相长，共同提高

拓展式教学在教育领域的实践，提高了学生的综合能力，也实现了教学目标，对教师而言，既是机遇，也是挑战。拓展式教学对教师的业务能力、知识结构和自身综合素质有了更高的要求，教师采用拓展教学的前提是，教师需要具备一定的信息素养和较全面的知识结构。尤其在教学拓展的过程中需要利用各种教育技术，这是对教师知识储备的一种考量。教师能否合理把握教学的深度和难度并深挖本学科与其他相关学科的知识关联，直接决定了教学的成败。该教学方法的应用，于学生而言，能提高其综合素养；于教师而言，教学技能和知识体系也能得到进一步的提高和完善。总之，拓展式教学的应用，有利于达到教学相长，共同提高的效果。

第四节　拓展式教学的误区与优化策略

拓展式教学作为一种符合新时代教学理念的教学方法，虽然在教育领域被广泛应用，但对于这种拓展教学的研究尚不深入，在推广和应用的过程中仍存在着诸多问题。不可否认，这些问题与教师的综合素养不足和角色认知不足等原因有关。以下笔者将从教学内容拓展、教学方法拓展和教学时空拓展三个角度分析在拓展式教学的应用过程中容易出现的误区，并就教学过程、教师角色定位和教师素养三个方面提出一些优化策略。

一、存在误区

由于缺乏系统的理论指导，当前的拓展式教学的应用中仍存在着许多不足，教师"好心办坏事"、力不从心等问题仍然存在。究其根源，这与教师对教材的理解不透彻，对拓展式教学的认识不深入等原因密切相关，对教学拓展的误解，使得教师在教学内容、教学方法和教学时空的拓展上存在误区，导致在实际教学中出现了随意拓展、主次不分等问题。

（一）教学内容拓展的误区

在新一轮课程改革下，教师已具有更新教学理念的紧迫感，而教学内容拓展的必要性也为广大教师所认可。教学内容拓展的目的在于满足学生成长和发展的需求，提高教学效率。如何有效地进行内容拓展以开阔学生视野，使其促进和辅助教学呢？从已有的教学实践研究中可知，部分教师对从哪些方面拓展、拓展什么缺乏明确的认识，以至于陷入了为拓展而拓展的误区，出现教学主线模糊不清、讲授重点旁移、教学重难点不明等现象。

1. 随意拓展，脱离教材

"目中有人本，心中无文本"是对随意拓展、脱离教材教学现象的形象描述。当前许多教师逐渐接受生本教育理念，关注学生的主体作用，因此，有些教师在课堂教学上会出现随性而发，一味地迎合学生兴趣，漫无边际地拓展内容，无所不包的情况。随意拓展看似提高课堂活跃度，实际上，这种拓展是游离于文本之外的附加物，而非对文本的有机延伸，教师的讲解完全偏离了教材的重心，脱离了教学目标的要求，对学生掌握基础知识和提高学生的综合素养没有实质性的帮助。脱离教材的随意拓展包括泛滥拓展、无效拓展和艰涩拓展。泛滥拓展指的是忽视文本内涵的拓展，表现为拓展内容与教材内容相关度较低，对教学内容的进一步理解几乎没有意义；无效拓展主要指游离文本目标的拓展，所拓展的内容与教学目标的实现无关；艰涩拓展则主要指超越文本意义和学生认知经验的拓展，表现为不能合理地把握教学的难度，选取的内容晦涩难懂，超乎学生的理解水平和接受能力。

2. 本末倒置，主次不分

本末倒置在这里指的是拓展式教学过程中教师对重点内容和非重点内容的重要性认识不清，错把非重点内容当成重点内容。部分教师为拓展而拓展，不能对有限的课堂时间进行有效的把控，在拓展教学设计中将教学重点搁置一边，甚至认为拓展就是要离开教学重点，进行新知识的补充和完善。教学过程中，在教学重点内容上轻描淡写，而在非重点内容上花费大量的时间进行讲解。在"尽可能多拓展"的思想下,教学重难点不清,课堂教学实效下降。主次不分的教学让学生无所适从,学习效率低下,综合素养也无法得到提高。

3. 老调重弹,换汤不换药

教学内容拓展的过程中要注重创新拓展教学思路,避免陈旧拓展。当前的拓展课堂上"吃老本""吃现成"的现象仍然存在,这与大多数教师怠于寻求拓展的创新性,加之对教学内容理解不足,眼界不够宽广,对方法的掌握也不熟练密切相关。许多教师止步传统教学的思路,不能突破固有教材框架,对教学内容拓展的内涵缺乏明确认识,教学内容缺少变化,重复讲授多,看似课堂内容满满当当,实则在一味地重复老套的传统教学框架,没有任何新意,折射出"教教材",而非"用教材教"的教学现象。在传统思想和教材的束缚影响下,拓展式教学不能实现培养学生创新思维和拓宽学生视野的目的,本有的优势无法得到发挥。

(二)教学时空拓展的误区

在拓展式教学上,除了对教学内容进行拓展之外,还需要对教学时空拓展。教学时空拓展主要是通过向生活拓展和充分利用各种教学资源,打破时空的限制,训练学生从多个角度去看待问题,创造更加丰富的课堂体验机会,开拓学生的视野和思路,提高实践能力。然而,当前拓展式教学在各学科的教学应用上,教师仍存在轻重不分、侧重课外延伸及定位不明、偏离学科特性两个误区。

1. 轻重不分,侧重课外延伸

无论是对于抽象性较强的数学课程还是人文性极强的语文课程,教学时空的有效拓展固然会对激发学生兴趣、开拓学生思路、提高课堂效率有很大的促进作用。但教师在教学过程中也应当注意,课外延伸不能为了延伸而延伸,延伸的根本目的是为了服务教学,课外的延伸只有以完成教学任务为前提,才具有现实意义,其是为了促进学生进一步理解知识或了解相关知识而进行的拓展。即使教师准备了充分的延伸材料,这些材料也与教学内容密切相关，但如果课外延伸挤占了理应运用在教学重点内容上的时间，那这样的过度拓展无疑会使学生理解和巩固的时间缩短，影响学生对重点内容的学习和吸收，出现了轻重不分的错误。

2. 定位不明，偏离学科特性

教材上、生活中和网络上可利用的教学资源十分丰富，理解了建构知识间联系的必要性，教师在进行教学设计时向其他学科拓展的意识逐渐增强，但由于对学科特性认识不足，教师在教学过程中容易出现偏离学科特性的拓展。在语文课堂上，部分教师在授课过程中关注语文和历史、地理等学科间的联系，并开展了长时间的讨论，尽管这种方式对激发学生的思维有不错的作用，但这种思辨式拓展的不当使用，挤占了原本不充裕的课堂时间，"语文性"的特征被模糊了，"思辨性"这一非语文特性却得到了充分的展现，课堂的实际发展趋向脱离了拓展的初衷。

（三）教学方法拓展的误区

教学方法是教学过程中教师与学生为实现教学目的和教学任务要求，在教学活动中所采取的行为方式的总称，包括教学方法指导思想、基本方法、具体方法、教学方式四个方面。在新一轮教育课程改革的要求和时代发展需求下，现代教育技术与教学的不断融合，为拓展式教学的应用提供了必要的前提条件。科学技术的发展给教学带来一定便利的同时，也在一定程度上给课堂发展带来了一定的负面效果，部分教师认为教学方法的拓展就是要完全抛弃传统的教学模式，改变一张嘴、一支粉笔、一块黑板的单一教学方式，因而出现导向作用发挥不足和教育技术过度使用等误区。

1. 导向作用的发挥不足

传统教学中教师主讲的教学模式在"以人为本"教育理念下已不适用，课堂上尊重学生主体地位成了广大教师的共识。在实际的拓展教学过程中，教师对如何发挥自身在拓展教学过程中的教学作用存在疑惑，迫于"应试教育"的压力，课堂教学中出现了"附和学生"和"千人一面"的现象。附和学生指的是教师在教学过程中没有发挥应有的指导作用，对学生进行有效的引导，反而一味地肯定学生的想法，过分顾及学生的个性。"千人一面"指的是教师无法因材施教，不能根据学生认知经验和生活经验的差异实行针对性的教学，采用整齐划一、"同质化"的内容教授不同差异的学生，让学生跟着自己设计好的发展路线走。在这两种情况下，学生要么像无头苍蝇，要么沦为应试教育的附庸，这不仅影响学生学科知识的获取和综合能力的提升，也影响学生思维的发展和三观的形成。

2. 教育技术的过度使用

教育技术是按照具体的目标，根据对人类学习和传播的研究，以及利用人力和非人力资源的结合，从而促使教学更有效的一种系统的设计、实施、评价学与教的整个过程的方法。目前教育技术在教学上的应用主要表现为多媒体技术的使用。多媒体技术因其先进快捷、使用方便等特点赢得了广大教师的青睐。教育技术的合理应用能为课堂节省大量的板书时间，为学生提供更多的教学资源，丰富学生的个性体验。但对教育技术的过度依赖，则会让教师沦为教育技术的附庸，让学生成为知识接收的机器。教育技术的过度使用使口语教学被课件取代，实验操作被实验视频取代，必要的师生交流和生生互动则由线下逐渐转为线上，这不仅缩小了学生的想象空间，削弱了学生的个性体验，师生间的情感交流也随之减少。

二、优化策略

由于教师对拓展式教学的理解和认识不足，因此在实际操作中对教学内容、教学时空和教学方法的拓展上存在误区，如何让教师在教学中进行有效的拓展延伸，让学生在合作中学习、体验、思考和提高，是困扰广大教师的一大难题。针对以上问题，笔者从教学过程、教师角色、教师素养三方面，提出了以下几点优化策略。

（一）优化教学过程

教学过程包括课前、课中和课后三个阶段，"教什么、如何教"在拓展教学中演变为"拓展什么，如何拓展"，教师如何根据知识的结构和规律性，挖掘知识的内在联系以及课内、课外同生产、生活实际的联系，在有限的教学时间里最大限度地发挥拓展教学的优势，让学生得到充分的发展，课堂质量得到提高。针对这个问题，笔者提出了以下五点建议。

1. 紧扣教学目标，善用勾画对比

在当前的拓展式教学中，脱离教材的随意拓展和无效拓展是存在的主要问题，如何规避这一误区，紧扣教学目标进行有效的拓展，善用勾画对比不失为一个好的方法。勾画对比是指通过相关、相似、相反知识的比较来认识不同知识点的本质区别，加深对所学知识的理解，使知识的形成更加系统完整。利用勾画对比，通过追本溯源、由此及彼等方式，可以有效避免进行无效拓展和随意拓展，保证拓展内容与教学内容的相关性。立足文本内容，紧扣教学目标进行的拓展，既能帮助学生进一步理解重难点内容，拓宽学生的眼界，增加知识储备，也能切实提升学生的素养和能力。

2. 立足学生实际，预设生成并存

夸美纽斯认为教育内容应由简到繁，循序渐进。教材是根据学生的身心发展特点和认知规律，按照一定的逻辑规律编写的。教师不能忽视学生的认知经验和生活经验，仅凭自己的臆想进行教学内容、教学方法等方面的设计。相反，教师应充分尊重学生的主体地位，从学生实际出发，遵循由浅入深、由简到繁、由具体到抽象的原则，并根据不同学段的教学目标、教学内容和学生特点，选择性地设计层次性教学，让学生的知识学习呈现出螺旋式上升的状态，以达到有效激发学生思维，提高教学效率的作用。同时，在教学拓展过程中，教师应充分考虑课前预设与课堂生成，具有一定的教育机智并善于捕捉教育契机进行拓展，灵活调整教学内容，积极引导学生在不偏离教学目标的条件下思考和分析，创设预设与生成并存的活跃课堂。

3. 鼓励多元解读，激活学生思维

在传统的教学上，教师习惯于"教教材"，新课标则明确指出"用教材教"，因此教师应尊重学生的主体地位，创造机会让学生表现自己，而非利用自己的教师权威，扼杀学生的创新思维，要求学生绝对的服从。无论是语文文本的解读还是数学问题的解答，抑或对历史事实、政治事件的思考，都可以是多维的，然而过去的不少教学实践表明，教师经常通过打叉、给零分等方式，要求学生按照统一的思路和方法去解读文本，解答题目，对罕见而合理的方法置之不理，学生的创新思维也在考试指挥棒下不断被否定和扼杀。在新课改背景下，"用教材教"和生本教育理念使多元解读成为可能，教师可充分利用课内外教学资源，对教材进行有效的补充。在鼓励多元解读的课堂环境下，学生独特的情感体验得到尊重，创新思维得到不断的激活，学习兴趣和效率也随之提高。

4. 拓展教学资源，打造高效课堂

教学资源是为教学的有效开展提供的素材等各种可被利用的条件，可以理解为一切可以利用于教育、教学的物质条件、自然条件、社会条件及媒体条件，是教学材料与信息的来源。教学资源无处不在，教师要围绕教学的重点、难点，对教学资源进行适度的挖掘拓展，通过向知识拓展、向生活拓展、向网络拓展等途径，如对教学材料的多元利用、对乡土文化的挖掘、对各类资源网的利用等，建立课堂与生活的联系，突破学科间的边界。教师如能在对教学内容理解透彻的情况下，恰到好处地拓展教学资源，则可以从多角度开阔学生的视野，调动学生学习的积极性，有效提高课堂教学实效。

5. 整体规划教学，活用拓展方法

教师在进行教学设计时，应该根据教学目标和课堂教学时间，选择合适的拓展方法，对教学各环节需要完成的教学任务、拓展环节及计划用时等，进行具体的规划设计。在教学过程中，教师可根据教学需要交叉运用多种拓展方法，避免教学形式的单一性，这对激发学生学习兴趣，提高课堂教学效率具有良好的促进作用。对于拓展教学方法的认识，当前对语文阅读教学拓展方法的研究较多，如张桂蕊归纳了以下十种语文教学方法：鉴赏式拓展、主题式拓展、体验式拓展、发散式拓展、续补式拓展、思辨式拓展、信件式拓展、素描式拓展、学科间渗透拓展、比较参照式拓展。

张桂蕊提出的十种语文拓展教学方法，对其他学科的教学，特别是文科类教学，也同样适用。

（二）审视教师角色

教师在传统教学和拓展式教学中扮演的角色不同，因此教师应重新审视自己的角色。当下的课堂已逐渐变教师"独唱"为学生"主讲"，学生在课堂中的地位由被动转为主动，从怕学转为乐学，那么在拓展式教学的实施中，教师又担任何种角色呢？

1. 引导者

关于教师在教学中担任什么角色，斯宾塞指出：在教育中应该鼓励个人发展的过程，应该引导儿童自己进行探讨，自己去推论。叶圣陶认为，教师之为教，不在全盘授予，而在相机诱导。魏书生提到，教师不替学生说自己能说的话，不替学生做他们自己能做的事，学生能讲明白的知识尽可能让学生讲，三者的表达不同，但都强调在教学过程中，教师作为引导者的重要作用，这与时下"以人为本"的教育理念不谋而合。在拓展式教学中，教师扮演着引导者的角色，教师的任务不是把现成的知识硬塞给学生，而是鼓励他们去发现和探索真理。在进行教学拓展时，教师不是将拓展的内容直接呈现出来并进行无谓的说教，而是引导学生进行知识迁移，在开阔学生视野的同时，引导学生自主发现内容间的联系，建构新的知识体系，践行生本教育，突出学生的主体地位。

2. 组织者

《基础教育课程改革纲要（试行）》中指出：改变课程实施过于强调接受学习、死记硬背、机械训练的现状，倡导学生主动参与、乐于探究、勤于动手，培养学生搜集和处理信息的能力、获取新知识的能力、分析和解决问题的能力以及交流与合作的能力，这一目标要求学生由传统的知识传授者转变为学生学习的组织者。叶澜认为，课堂是一种生活，怎样在这段时间里积极地、主动地展示生命活力，是我们的研究重点。教师是课堂教学的纽带和桥梁，教师在教学活动中的组织作用主要表现为组织构建、组织自主学习、组织展示和组织反馈。为确保教学活动的顺利开展，教师需要确定合理的教学目标后，选择合适的教学方式，通过因势利导、适时调控，营造师生互动、生动活泼的课堂氛围，组织学生发现、寻找、搜集和利用学习资源进行有效的学习。总之，学习资源的组合、学习环境的创设、学习活动的组织和开展及成果的优化都取决于教师这一组织者的作用。

3. 评价者

得评价者得课程，得课程者得教育，得教育者得未来。评价在课程建构中的地位不言而喻，但现实中关于评价存在着两种误解，一是把评价等同于外部评价，二是简单地把评价等同于写评语。许多教师为了调动学生的学习积极性、活跃课堂教学气氛而组织学生进行讨论，展示学习成果。然而，却忽视了课堂评价的重要性，对学生的表现笼统地用好坏对错进行统一的评价，缺乏有针对性的、差异性的质性评价。在拓展式教学中，教师的评价尤为重要，其是对学生学习成果的尊重和有效反馈，是促进学生知识结构化的有效方式，是学生进行自我反思、自我调节和自我完善的指南。作为评价者，教师需要具备良好的职业道德、高水准的专业知识，只有德才兼备、知识结构能力良好的教师，才能在评价过程中减少主观随意性。同时，在拓展教学中，激励为主、批评为辅的发展性评价更有利于激发学生的学习兴趣。

（三）提高教师素养

新一轮课程教育改革对课堂教学提出了更新、更高的要求，拓展式教学作为一种被广泛应用的教学方法，其在课堂教学上的应用要求教师具备更高的综合素养。教师素养是指能顺利从事教育活动的基本品质或基本条件，包括专业知识、专业能力和专业精神。在拓展式教学的应用上，教师应与时俱进，充分利用教材教辅资源，借助现代教育技术，对教学内容进行有效的补充。在教学中教师要善于捕捉教育契机，及时对学生进行引导，使学生在教学拓展中收获知识，提升能力，提高学习效率。

1. 恰当使用现代教育技术

拓展式教学不是完全抛弃传统教学，而是把传统教学和现代教学手段结合起来，综合运用多种教学方法，多角度地提高学生综合素养的一种教学方式。现代教育技术可以化静为动、化难为易，变枯燥为生动、变抽象为具体，在深入理解知识，突出教学重难点，揭示知识内在规律方面，往往可以起到事半功倍的效果，为现代教育教学提供了诸多便利。但是教师在教学过程中需要把握使用的"度"，不能过度地依赖多媒体等现代教育技术。德国教育学家第斯多惠曾经说过，教学艺术的本质不在于传授，而在于激励、唤醒和鼓舞。教育技术可以打破教学时空的限制，弥补传统教学的不足，其应用在于通过深入浅出的方式，激发学生的学习兴趣，提高课堂教学效率。鉴于此，教师需要更新教育理念，促进教育技术与学科教学的融合，最大限度地发挥教育技术的优势，为学生提供更加丰富的教学体验，营造更加生动开放的课堂环境，以此激发学生课堂参与的积极性，提高课堂的教学质量和教学效率。

2. 不断学习提高业务能力

作为新时代的教师，需要具备良好的知识和能力结构，这也是教师充分发挥作用、做好本职工作的基本条件。教师的业务能力与教育观念、理论知识、教育能力及教学环境密切相关，因此，教师需要不断更新教学理念，摒弃相对滞后的教育思想和教育方法，同时坚持终身学习理念，不断加强理论和实践学习，提高教育教学水平。美国心理学家波斯纳提出"成长＝经验＋反思"，由此可见，教学经验和教学反思与教师个人成长的密切联系，教学反思与教学经验的双向互动是促进教师不断成长，课堂教学质量不断提高的重要途径。

3. 具备良好的沟通协调能力

沟通是人与人相互之间传递、交流各种信息、观念、思想、感情，以建立和巩固人际关系的综合能力，是社会组织之间相互交换信息以维持组织正常运行的过程。协调是个人在其职责范围内或在领导的授权下，调整和改善组织之间、工作之间、人与人之间的关系，促使各种活动趋向同步化与和谐化，以实现共同目标的过程。卡耐基说过，一个职业人士成功因素 75% 靠沟通，25% 靠天才和能力。良好的沟通协调能力与个人的成功密切相关。教师作为服务型行业中的一种职业，需要频繁与学生、家长和同事打交道，而"世界上没有两片完全相同的树叶，也没有性格完全相同的人"，在交往中沟通双方难免会因为意见不一而出现分歧。在出现误会和争执时，唯有通过有效的沟通，才能使两者达成共识，使教育工作得以顺利开展。

第二章 问题教学模式及经典案例

第一节 问题教学模式概述

根据拓展课堂的性质特征，我们可以在课堂上使用问题式、导向式、交互式、体验式、翻转式、混合式等教学模式。其中，问题式教学模式在拓展课堂中又可应用在不同学科。在这里，我们分别以语文、品德、综合实践三大科目为例分析问题式拓展课堂教学模式。

一、问题式拓展课堂教学模式概述

（一）基本内涵

问题式教学法来源于加拿大麦克马斯特大学医学院教授巴罗斯在1969年提出的PBL教学模式（基于问题的学习Problem-Based Learning，简称PBL），美国哈佛大学在1985年将其改进并推广，引起了世界范围内的广泛关注。[1] 问题式拓展课堂教学模式即是将问题式教学运用到拓展课堂中，以"问题"为主线，以培养学生探究精神为核心，以提高学生拓展能力为价值追求，围绕问题进行一系列的探究与建构的教学活动。问题式教学的形态与表征主要有教师导问、学生求问、师生互问三种，通过问题的设计与探索，以期达到生有所得、教学相长的最佳效果。

---

[1] 王晓惠，郭志永.高中地理问题式教学应用初探[J].教学与管理，2016（06）：108-110.

（二）基本原则

1. 启发性原则

启发性原则要求教师善于创设问题情境，帮助学生在特定问题情境中对知识材料进行深入的思考和解读，摒弃简单复述文本的学习程序，改变僵化的思维模式，启发学生的认知智慧；教师要善于在问题中设置各种疑点，激发学生的求知欲和探索欲，还要给予学生清晰的探究方向，促使其自觉投入学习之中，做到牵一发而动全身，挖掘文本深层内涵。同时，根据学生的探究结果进行适当追问，逐层推进思维训练，促使学生在教师的启发点拨下结合自身实际进行思考，从而培养创造性思维，发展创新能力，提升综合素质。

2. 开放性原则

拓展课堂本身就是丰富多彩的，运用问题式教学应当充分尊重课堂的多样性、生成性和创造性。这就要求教师坚持开放性原则，善于提出非良构问题，引导学生学会从不同角度挖掘事物的深层奥秘，在解决问题的过程中不断发现和建构，从而实现问题意识的培养，思维空间的开拓与发展。另外，教师对学生的回答不应有过多的规范和局限，而应该秉持开放包容的态度，引导学生开动脑筋、发散思维，从多层次多方位进行思考，提出自己不同的见解和看法，而并非囿于一个标准答案，以此保护学生的创造性思维，发展学生的想象能力，增加课堂的活跃度和趣味性。

3. 层次性原则

在问题的设计中体现文本的核心，在教学的过程中注重层次的延展，是问题式教学的重要原则。层次性原则要求教师在设计问题时全面考虑学生的认知特点、个性心理和学情差异，进行有针对性的教学设计，根据学生的学习效果进行因材施教，对接受能力较弱的学生给予鼓励和肯定，激发学生的自信心。对中等水平的学生应在鼓励的基础上指明完善的方向，推动其进一步发展；对中上等水平的学生则应注重思维能力的拓展和综合素质的培养，促使其朝着更优秀的方向发展。通过对学生的具体情况进行评估，实施因材施教，实现不同层次的学生都得到充分有效的教育。另外，教师要善于设计梯度化、层次化的问题，按照一定的逻辑顺序对问题进行组合排列，引导学生从易到难、从现象到本质的问题解决中逐步总结方法、积累经验、增强信心，体会学习的真正乐趣。

二、问题式拓展课堂教学基本流程

问题式拓展课堂教学模式是由四个横向维度和教师的教学指导、学生的学习活动两个纵向维度交互构成系统的知识体系，充分体现学生主体、教师主导的教学理念。以问题为线索，以设置问题为开端，解答问题为结束，包括创设情境、自主探究、合作讨论和总结评价四个方面。问题式拓展课堂教学模式如下图所示。①

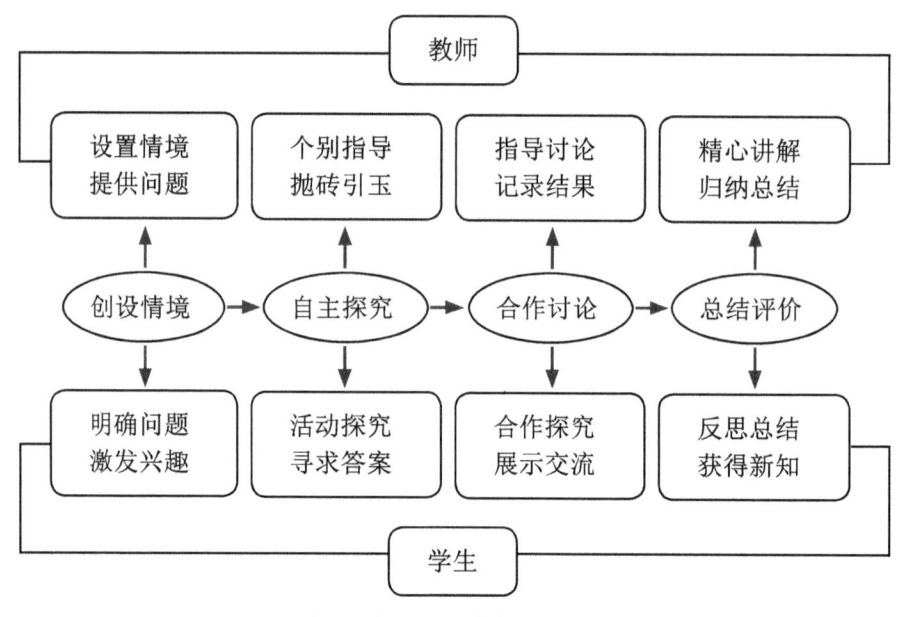

问题式拓展课堂教学模式

1. 创设情境

皮亚杰曾说："一切有成效的工作都是以某种兴趣为先决条件"，充分

---

① 王晓惠，郭志永.高中地理问题式教学应用初探[J].教学与管理，2016（06）：108-110.

肯定了兴趣对人们认识和探索事物的推动作用。①问题情境的创设，就是教师根据学生的生活经验和认知心理，充分挖掘教材内涵，把需要解决的问题有意识地、巧妙地寓于教学情境中，营造出活跃的课堂氛围。以直观化的情境，充分调动学生的情感注意力和情感体验力，唤起学生的求知欲望，引起学生的认知冲突，促使学生以积极活跃的状态主动投入课堂学习中，从多角度、全方位思考问题，最终实现教师和学生之间有效的互动与对话，起到寓教于乐、寓教于思的作用。

在这个环节中，教师主要根据学情分析制定教学任务，借助多媒体幻灯片等设备创设特定的问题情境，将学生置于精心构建的教学环境中，随后逐步引出问题线索，提出一系列能让学生进行探究的问题。学生则在具体情境的体验下感知学习氛围，明确学习任务，把握核心问题，积极主动地投入课堂学习之中。

2. 自主探究

自主探究是培养学生自主学习能力的基础环节。②自主探究即教师在确定教学任务的前提下，帮助学生梳理分析教学内容和学习重点，在特定情境下为学生提供问题线索，引导学生在有限的课堂时间内自主研读材料、获取知识、分析问题、建构意义。自主探究尊重学生个体的情感体验，为学生提供充分的探究平台和机会，使得学生能够发挥学习自主性，主动挖掘知识的奥秘，深入探究问题的根本，更为深刻地认识和感悟知识，以此奠定新课研读的基础。

在这个环节中，教师在帮助学生确定学习任务后，与学生进行互动交流，"抛砖引玉"地为学生提供探究线索，并有针对性地对学生的探究方向进行指导和讲解，促进学生的积极探索。学生则在教师的指导下自主查阅资料，收集有效信息，自主获取知识，通过一系列的课堂探究活动，结合

---

① 黄晶晶.问题教学法在高中小说教学中的运用策略研究——以新课标人教版高中语文教材为例[D].江西师范大学，2018：19.

② 王朵.问题式教学法在小说教学中的探索——以新课标人教版高中语文必修教材为例[D].湖南师范大学，2015：34.

自己的生活经验，完成问题的意义建构。

3. 合作讨论

新课程倡导合作探究的学习方式，明确合作探究是解决问题的有效途径。学生在自主探究中难以解决的问题，可以通过合作讨论的方式解决。教师可以采用异质编组的方式，将不同认知水平、个性特征的学生均匀分配，组成几个小组，并引导学生以小组为单位开展活动，进行探究讨论。在交流讨论的过程中，学生交换自己的学习成果，共同探讨问题结论，不断进行自我反思，实现多向对话的有效互动。通过一系列的合作学习，帮助学生实现优势互补，培养学生敏锐的问题意识和互帮互助的团队意识，促进相互的情感联结和思维碰撞，提高学习质量。

在这个环节中，教师首先将学生在"自主探究"环节中尚未解决的问题分类整理，随后将问题分配到各个小组进行探究学习。另外，教师可以在课堂中开展辩论活动，让学生进行探究成果的展示和交流，以此增强学生探究兴趣和心理满足感，加强学生多方位、多角度考虑问题的意识，锻炼口头表达能力，从而掌握更加全面的知识与技能。学生则在确定共同的探究任务后，在小组内部进行讨论学习，提出自己的观点、聆听他人的意见，不断摸索问题线索，深入文本探究，追寻问题根源，实现问题解决，在合作讨论中做到求同存异、各有所得、共同进步。

4. 总结评价

总结评价是教师在完成某个教学任务或达到某个教学阶段后，针对学生及具体的课堂情况，进行整体性的归纳和总结，进而对学生后续学习做出引导和指点，促使学生完成知识内化的一种课堂活动，在教学中起到画龙点睛的效果。教师在总结评价中发挥着不可或缺的作用，一方面，教师引导学生梳理知识，理清脉络，帮助学生巩固学习内容，内化知识要点；另一方面，教师根据学生在课堂上的学习反馈，有针对性地进行深入浅出的讲解，帮助学生解决知识难点，挖掘自身潜力，提高创新能力。另外，教师可以在课堂上采用多元化的评价方式，如生生互评、师生互评等，帮助学生及时查漏补缺，补齐短板，不断地在反思中进步，在改进中成长。

在这个环节中，教师首先要了解学生的学习情况，在整体把握基本学情的基础上，进行深入浅出的讲解，帮助学生解决之前教学阶段未能解决的难题。随后进行知识的筛选和提炼，提出整体的线索框架，引导学生梳理知识、理清思路、理解内容。学生则在教师的引导和指示中不断巩固知识，在教师的总结和评价中不断反思自我，由此获得源源不断的新知识。

三、问题式拓展课堂教学实施策略

（一）优化问题设置，引导自主探究

"问题"是教学中的关键元素，是学生探索文本的动力源泉，也是师生之间进行有效互动的纽带。由于传统教学模式的限制，学生往往难以在课堂上有充足的时间围绕特定的问题进行自主思考与探究，只是一味地欣赏教师的"独角戏"，被动地接受知识，固守僵化的思维模式。优化问题设置可以在一定程度上消除此类效率低下的课堂现象，从而提高课堂质量。

首先，教师在进行问题设置前充分考虑学生的知识基础和认知水平，尊重学生的"最近发展区"，帮助学生搭建知识的桥梁，让其能够结合所学知识解决眼前问题。另外，为学生提供操作性强、创造空间大的核心问题，让学生发散思维、围绕问题进行自主探究，提高实践创造能力。其次，教师可以围绕课题、单元、练习、教材等进行问题设置，通过一系列的问题逐步揭示文本的内在矛盾，引导学生进行差异辨别，并通过迁移导学、延迟评价等方式促使学生发现问题背后的本质，提高学生的辩证分析能力。最后，教师发挥学生的主体性，让学生在充分理解文本内容后，积极提出自己的见解和看法，甚至勇敢发问，提出新问题，以"新问题"为主线进行更加深入的探究活动，并学会运用知识去寻找答案，加深文本理解，提高知识拓展迁移的能力。

（二）培养复合型人才，促进全面发展

拓展课堂教学，绝不仅仅停留在知识获取层面，还应重视学生多元能力的培养。在学习的过程中丰富知识储备，提高自身素养，实现学生的全面发展是拓展课堂中所应达成的理想目标。问题式拓展课堂尤其注重突出学生的主体性，培养学生的多元能力，贯彻教与学并重的理念。

首先，问题式拓展课堂教学要求教师给予学生充分的发挥平台和机会，让学生畅所欲言，自由地展示自己的发现和见解，在自我展示的过程中增加自信心和满足感，从中领略到学习的无穷乐趣，同时提高学生的语言表达能力和逻辑思维能力。此外，通过小组交流讨论，引导学生不断调整思维方式，转变学习思路，从而提高创新思维能力和团队协作能力。其次，教师指引学生从问题的表象出发，对问题进行分析和质疑，不断挖掘事物的深层内涵，剖析事物的本质特点，发现事物的特定规律，促使学生在参与一系列的探究活动后，全面提升问题的质疑和探究能力。最后，教师应坚持落实新课程改革的教学理念，努力改变灌输式、填鸭式的教学方式，始终尊重学生的课堂主体地位，并将问题作为教师教学、学生学习的驱动力，不断提高学生的问题意识，提升学生的能力素质，促进发展学生的核心素养。

第二节　自探共研的问题教学

自探共研的问题式教学的目的在于，让学生在参与多种形式的活动过程中培养主体意识、发展创新精神，在不断的自主探索与合作研究过程中增强问题意识、提高实践能力。自探共研的问题式教学强调学生的主体地位，注重为学生提供充分的学习空间，让其在个体探索中进行创新性学习，主动发现问题，全面分析问题，积极解决问题。自探共研的问题式教学要求创设一个平等和谐的学习环境，师生双方在解决问题的过程中民主对话、互动切磋、教学相长。

一、教学设计

（一）设计思想

自探共研的拓展课堂问题式教学就是以问题为"主线"，以提高学生拓展能力为价值追求，围绕问题进行一系列探究与建构的教学活动。拓展课堂强调理论联系实际，延展知识的价值，发展学生的思维。选择《装在套子里的人》一课，旨在充分运用自探共研的问题式教学模式与拓展课堂的教学策略，合理设置问题，灵活分配任务，深入分析特定时期下社会小人物的畸形异化，激发学生敢于突破常规、反抗权威、积极向上的生活态度。

（二）教学目标分析

通过对文本的讲解，理解文本内容，把握人物形象。

通过自探共研的学习方式，紧扣对人物主人公动作、语言、神态等进行描写的重点词句，掌握人物分析的方法，并灵活运用到阅读中。

了解封建统治下的俄国社会，体会沙皇的专制统治对社会的压制和人性的异化。

（三）学情分析

《装在套子里的人》一课的学习者是具备一定阅读能力和人物分析能力的高二学生，他们了解小说的要素，能准确找到小说的主要情节，从字里行间剖析出作者想要表达事物的深层含义，对小说主题有一定的理解力。但是，由于高中学生尚未正式踏入社会，接触社会的机会少，且看待问题的角度不够全面，不能深刻体会主人公在当时社会的压抑和扭曲，对人物形象的分析不够透彻。因此，在教学过程中应侧重品析重点词句，关注细节描写，引导学生体会当时社会的腐朽和黑暗，结合自己的生活实际，尽情抒发自己的体会和感想。

此外，课文讲述的是俄国19世纪末的人物事件，当时的俄国仍处在封建专制社会向资本主义社会过渡的阶段，社会压抑黑暗，与当下学生的时间距离较大，学生对文章的社会背景比较陌生，在教学时应结合相关的社会背景介绍进行阐述，有助于学生理解人物形象，树立正确的价值体系。

（四）教材与学习资源分析

《装在套子里的人》是人教版高中必修5第一单元的一篇精读课文，该单元的教学目标是注重学生把握小说的情节和主题，从细节描写中理解作品蕴涵的社会主题。因此，本课通过问题设置引导学生深入赏析描写人物细节的句子，进而实现自主思考探究的目的。

另外，为了帮助学生了解文本的时代背景和作者的创作风格，关注文本之间的联系，提供作者契诃夫的另一篇作品《变色龙》进行文本比较，引起学生的思考。

（五）教学模式与策略设计

教学方式：创设情境——提出问题——自主思考——合作探究——师生互评等方式结合的多元化教学。

教学模式：自探共研的问题式教学，以学定教，教学相长。

本节课采用自探共研的问题式教学模式，教师根据学生的学情设定教学目标，通过学生自主预习，初步了解课文大意，制订学习计划。在课堂教学过程中，教师巧妙地设计问题，学生进行自主探究和讨论互动，在小组之间进行辩论互评。教师鼓励学生积极发问，并做好总结归纳，引导学生完成知识迁移。通过一系列的教学活动，培养学生阅读理解能力，加强学生对阅读主题的深层感悟能力。

具体策略如下：

课前——教师发布学习任务，学生自主制订学习计划并预习，初步感知文章，理清文章线索脉络。教师提供课外阅读篇目：契诃夫的《变色龙》的小说文本，学生通过阅读，初步了解契诃夫的创作风格和创作背景，有助于展开本课的学习。

课中——教师检查学生的自读情况，学生发言概括文章大意；教师通过情境创设导入新课，并抛出"别里科夫的死亡原因"等一系列问题，引导学生对课文进行探究，发现文本的深层内涵。在这个过程中，学生通过"读、品、议"和"找、析、辩、评"等学习方式的逐层推进，由浅入深地理解课文的内涵和本质，教师给予恰到好处的指导和点拨，最后重提契诃夫的《变色龙》，与本课进行对比，关注文本之间的联系。

课后——布置作业：以线上练笔的方式，抒发自己学完本节课后的感想、体会以及完成两篇课外小说选读并做好阅读标注。

具体策略：

课前——自主预习、阅读文本、制订学习计划。

课中——情境创设、问题研讨、自主探究、切磋交流。

学习情境设计：通过"命案"的情境创设，让学生进入案件的紧张、神秘、悬疑的气氛中，努力追寻命案的真相。

（六）教学活动过程设计

	教学环节	教师活动	学生活动	组织形式
课前	学情分析教学设想	1. 根据学情制定教学目标，发布学习任务 2. 提供课外阅读篇目《变色龙》	1. 自主预习，初步了解课文大意，理清文章脉络，完成学习任务，阅读《变色龙》 2. 自主制订学习计划	学生通过手机等电子设备接收学习任务，在课前时间自主完成预习
课中	环节1：预习检查创设情境	1. 抽查学生预习情况 2. 创设情境，抛出关键问题：别里科夫死亡命案的真相是什么？	1. 概括文章大意，生生互评 2. 根据悬念和疑端贴近与文本的交流，进行初步思考	1. 学生组间、组内进行交流讨论 2. 教师抛出问题，学生独立思考

续表

	教学环节	教师活动	学生活动	组织形式
课中	环节2：自主思考提出问题	组织课堂，围绕别里科夫的经历由浅入深地提出一系列问题，逐步引导学生自主思考，鼓励学生积极发问	1. 通过"读一读、品一品、议一议"逐步解读文本，品味语言中蕴含的深意，思考各种可能答案 2. 自主思考后在小组内部畅所欲言，积极展开讨论	教师组织、自主思考、组内交流
	环节3：合作探究解决问题	1. 整理问题，对重难点进行适时的指导和点拨 2. 记录难以解决的重难点部分和学生讨论情况	1. 通过"找一找、析一析、辩一辩、评一评"深入探究文本，关注细节描写，把握人物形象 2. 小组辩论，补充和质疑他人发言，共同解决问题 3. 引申至社会，体味课文主题	教师启发、组间交流、切磋讨论、提出质疑
	环节4：整合反思归纳总结	1. 给出结论线索，引导学生自主总结 2. 评价学生的课堂表现及学习情况	1. 整理记录讨论结果，自行总结归纳 2. 分享课堂学习收获 3. 反思自我，对他人做出评价	教师统筹、组内交流、自我反思、生生互评
	环节5：拓展延伸再创问题	1. 引导学生回顾整个学习探究过程，归纳总结方法 2. 延伸课本内容，迁移阅读方法，重提《变色龙》，进行对比总结	1. 完成系统的知识回顾 2. 思考《变色龙》和本篇课文的异同点，提出新问题	教师总结、以篇带篇、自主思考、合作讨论

（七）课后学习设计

上完本课，练习与课外作业设计如下：

1. 线上小练笔，在线上课堂发布自己的读后感或分享自己身边与主人公经历类似的人物故事。

2. 选读两篇反映现实生活的短篇小说，并运用人物分析的方法在文中做批注。

学而不思则罔，思而不学则殆。这样设计的目的在于在课堂教学的基础上，引导学生在线上进行巩固练习，加强语言的综合运用能力，提高学习质量，有利于帮助学生进一步掌握人物分析技巧，将学习到的方法迁移运用到课外阅读中，进而提高阅读能力。

两项作业均为必做任务，学生在完成作业后以照片或文档的形式上传到"线上课堂"，同学们互相点赞和评论，彼此借鉴学习。线上练笔部分要求学生发散思维、畅所欲言、字数不限；拓展阅读部分要求学生完成阅读记录打卡，善于知识迁移。

（八）学习评价反馈设计

课前检测：抽查学生课前研读课文情况，让学生进行主动发言，生生互评，教师给予指导，对学生有疑问的地方进行重点标注，在课堂上有侧重点地讲解，做到掌握学情，以学定教。

课中研讨：教师设计问题，学生以"问题"为主线深入探究文本，抓住重点词句进行赏析，掌握人物描写技巧，体会文章的深层内涵。教师点评学生的发言及总结知识要点，引导和鼓励学生产生新疑问，提出新问题。

课后练习：线上练笔与拓展阅读是对课堂教学的巩固和提升，既体现了语文学科的工具性特点，帮助学生系统地巩固所学课文，又体现了语文学科的人文性特点，引导学生结合自身实际抒发真情实感，最终完成总结性评价。

二、教与学的实际过程概述

《装在套子里的人》这节课的教学实际过程，主要分为五个环节。

环节一（预习检查，创设情境）：教师首先抽查学生的预习情况，做简要记录，随后创设情境，抛出疑问："别里科夫死亡命案的真相是什么？"将其作为探究的切入点，带领学生走进问题情境，进入学习状态。

环节二（自主思考，提出问题）：在这个环节中，学生根据教师提出的"别里科夫是一个怎样的人？为什么他'装在套子里'？他的哪些方面被装在套子里？别里科夫的口头禅是什么？从中体现他什么性格？"等问题进行自主思考，展开"读、品、议"等学习活动，思考各种可能答案，并在小组内畅所欲言，发表看法。

环节三（合作探究，解决问题）：教师整理学生难以自主解决的问题，并对相关的重难点进行指导和点拨，帮助学生通过"找、析、辩、评"等学习活动深入探究文本，关注细节描写，如"他也真怪，即使在最晴朗的日子，也穿上雨鞋，带上雨伞，而且一定穿着暖和的棉大衣""他总是心慌得很，一个劲儿地说：千万别闹出什么乱子"。淋漓尽致地刻画了一个迂腐、战战兢兢的俄国专制统治下的典型人物，以此明晰人物形象，从剖析个体形象延展至揭露社会背景。小组回答完毕后，各小组成员进行补充或质疑，共同解决问题。

环节四（整合反思，归纳总结）：学生在教师给出的线索提示下，自行归纳课文的主旨和大意。教师对整个课堂进行总结，引导学生在课堂上分享学习收获，进行生生互评，并针对自己的课堂表现进行自我反思。

环节五（拓展延伸，再创问题）：教师引导学生回顾整个学习过程，归纳总结学习方法，并将《变色龙》一文与本文进行对比分析，帮助学生进行知识迁移，探明作品背后的时代背景，进而生发新疑问，提出新问题。

三、学生学习成果

学生的学习成果主要通过线上练笔和拓展阅读呈现。通过线上课堂的"作业助手"反馈,绝大部分同学完成得很好,线上练笔紧扣生活,流露出真情实感,内容丰富充实;拓展阅读批注各具特色,能关注到文章的细节描写,将两篇文章进行对比,归纳概括出它们之间的共性和个性,此外,也有同学不只局限在两篇以内的拓展阅读,而是积极查阅其他小说,并批注分享。

四、教学反思

《装在套子里的人》是一篇精读课文,形式以问答为主,意义深远,发人深省。对学生来说这是一次极为透彻地贴近社会本相的体验课堂,更是一次能够激发学生在社会境况和自我命运之间进行深刻思考和反思内省的课堂。

教师始终坚持将课堂真正交还给学生,充分发挥学生的主体性,因此,在课前进行学情分析,完成教学设想,尽可能地根据学生的认知水平和知识基础设计教学,在课中为学生提供探究平台,让学生切实感知、探究实践。本次教学形式多样,重点突出。课前,教师发布教学任务,引导学生自主预习,完成对文本的初步感知;课中,通过创设情境和设置疑端,让学生从多方面对课文进行解读,深入探究文本奥秘,挖掘主人公别里科夫死亡的"真相"。在对重点词句和人物行为的剖析中,促使个体逐步完善自身的阅读体验,形成独特深刻的理解和感悟。另外,师生对话、生生互动的形式也使得课堂更加活跃,达成新课标中"努力构建开放、充满活力的语文课程"的要求。课堂尾声的"再创问题"培养学生的问题意识,引导学生迁移课本知识,从文本引申至社会,完成知识的内化与升华。

第三节 多维开放的问题教学

多维开放的问题式教学强调打破僵化封闭、权威空洞的传统教学模式,为学生提供广阔的学习空间、优质的学习资源,使学生在开放融通的学习环境中主动建构知识，提升认知。多维开放的问题式教学主张充分利用现代技术，让学生在开放通达的学习环境中突破时空界限，迁移拓展知识，实现高效学习。多维开放的问题式教学围绕一系列问题展开，注重引导学生以自身实际为依托，在审视和怀疑的过程中不断分析问题、解决问题，从而拓宽思维广度，实现知行合一。多维开放的问题式教学强调对学生进行多元化评价，尊重学生的个体差异，发掘学生的内在潜能，注重对学生进行多方位的能力培养，以此促进学生全面发展，不断提高综合素质。

一、教学设计

（一）设计理念

《去超市购物》案例在设计之初便在考量如何充分利用问题教学手段、如何将教学与实际生活紧密结合，既能充分展示问题式教学的特点，又能发挥品德拓展课堂的作用。因此，我们采用的是多维开放的问题式教学模式，在一系列的特定问题驱动下，通过体验真实的生活情境，辅以图片、视频等课堂资源展示，让学生将注意力和感受力倾注于日常的购物行为之中，切实感受超市工作人员的辛劳，从而自觉地遵循购物规则，学会文明购物。

（二）教学目标分析

辨析超市购物中的行为，了解超市购物的规则，理解"文明购物"的含义。

通过自主思考和交流讨论，紧扣"超市中不需要的商品应该如何处置"等关键问题，从多方面、多角度思考解决方法，提高思辨能力和行为选择能力。

体验理货员的工作辛劳，学会尊重并体谅超市工作人员的辛勤劳动，深化道德认知，树立正确的购物观。

（三）学情分析

本课的学习者是具备一定社会实践能力的小学三年级的学生，他们乐于观察周围事物，对超市的熟悉度高，这有利于本课有关购物知识的深入学习。但是，由于现代家长大多只关注学生的学业情况，忽视学生实际生活能力的培养，对孩子文明购物方面的教育不强，使得大多数学生缺乏文明购物的意识。另外，小学三年级学生的自控能力不强，注意力集中时间不长，难以有效调节和控制自己的行为，面对商品琳琅满目的超市，他们常常表现出不慎将商品碰下货架、将手推车当作玩具、随意放置商品等不文明的购物行为。

此外，本课除了传达基本的购物知识，还强调学生要尊重他人的辛勤劳动。由于当下社会经济快速发展，大多数学生的家庭条件优越，他们鲜有机会进行劳动实践，难以体谅他人的辛劳。因此，本课通过设置角色扮演等活动帮助学生切实体会超市工作人员的辛劳，学会尊重他人的劳动成果，自觉文明购物。

（四）教材与学习资源分析

《去超市购物》是小学人教版《品德与社会》三年级上册第三单元的第一课，该单元围绕学生的实际生活展开，教学目标是引导学生初步了解关于超市购物、银行储蓄、求医问药、乘坐公交等生活常识，从而更好地掌握生活本领。因此，本课通过问题情境设置、小组辩论组织等活动帮助学生深入学习超市购物知识，学会文明购物。

另外，为了加强学生的实际体验，提高学生的情感共鸣，教师选择通过角色扮演这一活动，帮助学生建立共情经历，促使其由内而外产生思考和感悟。

本课教学重难点：通过小组合作以及角色扮演，学生初步了解超市购物规则，理解超市工作人员的辛劳，学会尊重他人的劳动成果，树立正确的购物观。

（五）教学模式与策略设计

本案例主要采用多维开放的问题式教学模式，将实际的问题解决和体验探究融入品德课堂之中，让多维开放的"问题"引领学生逐步获取知识，达成学习目标。

课前教师要求学生亲历超市购物，初步了解人们的购物习惯以及超市工作人员的实际工作情况，加强情感体验；课中教师创设问题情境，让学生发散思维，畅所欲言，以小组为单位展开激烈的交流讨论，提高学生的思辨能力和语言表达能力。另外，教师提供虚拟的超市场景，引导学生通过角色扮演，切实感受理货员的辛劳，真正学会尊重他人的劳动成果。在具体的教学过程中，借助图片、视频等教学资源，通过辩论赛、角色扮演等教学活动，促使学生不断加深情感体验，深化道德认知。

（六）教学活动过程设计

教学环节	教师活动		学生活动	组织形式
课前	1. 坚持组内异质、组间同质，划分学习小组 2. 在教室内布置超市模拟场景 3. 发布生活作业：体验一次超市购物，并注意观察人们的购物情况以及超市理货员的工作情况 （工作时间、工作内容）		去超市进行一次实地考察，完成生活作业	1. 组长分工，确定小组成员 2. 在父母的帮助下，采访相关人员，了解实际情况
课中	环节1： 作业检查 课题导入	1. 抽查学生的调查采访情况，并做好记录整理，简要点评学生调查成果 2. 展示超市图片，直接引出课题：去超市购物	1. 自由汇报调查情况，简要谈谈自己的发现 2. 在教师的引导下，进入课堂教学情境	教师引导、自由汇报、畅所欲言

续表

教学环节		教师活动	学生活动	组织形式
课中	环节2：问题情境 初步辨析	1. 借助多媒体播放"丁丁购物"的视频，并提出问题"丁丁的做法正确与否？" 2. 组织学生在小组内讨论丁丁行为的对错，对学生的回答进行指导，并做简要总结	1. 仔细观看视频，寻找问题答案 2. 小组讨论，各抒己见，言之有理	教师组织，抛出问题，学生自主分析并交流，多媒体展示
	环节3：交流辩论 角色体验	1. 展示丁丁的疑问"如何处理超市购物中不需要的物品？"询问学生的做法，分类整合答案 2. 展示不同的处理方法：自行放回原处或不放回原处，引导学生展开积极的交流辩论，并说明理由，教师最后进行小结 3. 开展角色扮演活动，提问学生作为"理货员"的感受以及观察到的"理货员"的行为表现 4. 引导学生进行"自行放回原处或不放回原处"的二次选择，教师进行简单的小结	1. 就丁丁的疑问自由举手发言，表达观点和意见 2. 就不同的处理方法展开辩论，各抒己见 3. 积极投入角色体验的活动中，畅谈自己的感受，做出二次选择	教师统筹，角色扮演换位思考，自由辩论

续表

教学环节	教师活动	学生活动	组织形式
环节4：总结升华 齐诵儿歌	1. 询问学生学习收获 2. 总结升华主题，并对学生具体表现进行评价 3. 播放"超市购物歌"，帮助学生梳理知识要点	1. 主动分享本节课的收获，谈谈自己的感受 2. 评价自己或他人的表现，进行自我反思 3. 在教师的引导下，齐诵超市购物歌"公共场所守规则，体谅他人会尊重，社会公德记心间，文明购物我能行"	教师总结，生生互评音频播放，总结提升

（华东师范大学 毛志峰）

（七）课后学习设计

《去超市购物》结合学生的生活实际，描述了一个有趣的购物故事，为进一步加深学生的情感体验，激发学生文明购物的欲望，本课设计的课后作业要求学生再次亲历超市购物，仔细观察超市人员的日常工作，根据自己的所见所感完成一篇小练笔。此外，本课教学为实现举一反三的常识性知识拓展，丰富学生的购物知识，让学生学会保护自己的消费权益，又要求学生自主预习本课的第二课时内容：明白消费，通过了解有关"条形码""生产厂家""发票"等基本的消费知识，初步懂得维护自己的合法权益，学会明白消费，做一个文明理性的消费者。

（八）学习评价反馈设计

课前调查：要求学生在家长的带领下亲历超市购物及调查采访相关人

员。设计这一课前作业的目的，一是为贴近学生与课题的距离，帮助学生从实际生活中获得感知，增加课堂的真实性和亲切感，激发学生的学习兴趣；二是通过学生亲自调查，了解人们购物的习惯以及超市相关人员的工作时间和工作内容，为接下来的学习打好基础。

课中研讨：教师创设问题情境，将生活融入课堂，学生围绕一系列的问题进行思考与探究，以对话的形式进行交流探讨，协同解决关键问题，通过角色扮演，切实体验超市工作人员的辛劳。在这个过程中，教师记录学生的发言情况以及进行适时的追问，引导学生从不同角度思考问题，并对学生的回答给予指正和鼓励，完成过程性评价。

课后实践：课程标准对小学三年级学生的习作要求是观察周围世界，能不拘形式地写下自己的见闻、感受和想象，注意把自己觉得新奇有趣或印象最深、最受感动的内容写清楚。三年级是小学生从写话过渡到写作的关键期。因此，要求学生在学习完本课之后，再次亲历超市购物，根据自己的所见所感完成一篇小练笔，加强语言综合运用能力，提高写作质量。教师可通过对学生关于购物知识的掌握程度以及习作情况进行考查，完成对学生的总结性评价。

二、教与学的实际过程概述

本案例在实际教学中紧紧抓住多维开放的问题式教学特点，将提出问题和体验探究贯穿于课堂的始终，使学生在问题的探究中逐步获取知识，掌握购物的基本规则，同时建立情感共鸣，学会体谅超市工作人员的辛劳，养成良好的社会公德。

课前，学生在家长的带领下，切实体验超市购物的情境，并对相关人员进行调查采访，初步了解人们的购物习惯和超市工作人员的工作时间和工作内容等。

课中，教学实际过程主要分为四个环节：作业检查，课题导入——问题情境，初步辨析——交流辩论，角色体验——总结升华，齐诵儿歌。

环节一（作业检查，课题导入）：教师鼓励学生积极分享自己的观察发现，根据学生的调查结果进行简单的点评，随后利用多媒体幻灯片展示多家超市的图片，引导学生发现图片的共性：超市，从而引出"去超市购物"的课题，促使学生自然而然地进入教学情境。

环节二（问题情境，初步辨析）：通过多媒体展示，充分调动学生的感官，引导学生初步辨析问题。借助幻灯片播放"丁丁的购物经历"视频，组织学生进行观看和探究，并提问学生"丁丁的做法是否正确？为什么？"引导学生在小组内部交流讨论，各抒己见，相互评价。在这个过程中，教师给予相应的指导，帮助学生辨析不文明的超市现象，提高是非辨别能力，最后做简要的总结，向学生明确在公共场所要遵守规则、文明购物的道理。

环节三（交流辩论，角色体验）：以问题为抓手，帮助学生逐步感悟道理。第一，通过多媒体展示丁丁的疑问"如何处理超市购物中不需要的物品？"让学生自由表达自己的观点和看法，教师不做任何评价。第二，教师整合学生的回答，归纳出两种处理方法：自行将商品放回原处或不放回原处，引导学生就两种处理方法展开激烈的辩论，要求学生各自说出自己选择该种处理方法的原因，做到言之有理。教师则进行小结：从不同的角度思考问题，选择的处理方法也会有所不同。在这个过程中，教师除了为学生提供自由发言的平台以外，还要适时地向学生追问，引导学生明确自己立场，表达自己的看法。第三，通过角色扮演活动，帮助学生切实感受理货员的艰辛，学会换位思考，并对"自行放回原处或不放回原处"进行二次选择，有针对性地进行总结提升，升华活动主题。

环节四（总结升华，齐诵儿歌）：以教师和学生的互评齐诵结束本课。学生分享自己在本节课中的收获，教师给予鼓励和肯定之余，对本节课的教学目标达成以及学生的学习效果进行客观的评价，引导学生在小组内部完成生生互评，根据他人对自己的评价进行反思。紧接着教师进行主题总结，促使学生树立正确的购物观，懂得尊重超市人员的辛勤劳动。随后教师播放超市购物歌音频"公共场所守规则，体谅他人会尊重，社会公德记心间，文明购物我能行"，达成师生之间共读书，齐背诵的教学效果，进一步巩固和提升学生的生活态度和价值观。

三、学生学习成果

学生的学习成果主要通过习作练笔和拓展学习呈现。通过作业反馈发现，大部分学生的习作练笔内容丰富，情感饱满，能够将所学知识与自身所见所闻结合起来，抒发真情实感；拓展学习实用性强，效果显著，学生能够在第一课时的知识基础上举一反三，自学"条形码""生产厂家""发票"等一系列相关的基本消费知识，维权意识明显提高。

四、教学反思

《去超市购物》是一篇与生活实际联系非常紧密的内容，为了激发学生的学习兴趣，可让学生在课前亲历超市购物，加深情感体验。课中借助视频资源，呈现问题情境，鼓励学生开动脑筋，积极提出见解和看法，引导学生在分析辩论中自主获取知识，提高思辨能力。另外，可将教室布置成一个虚拟的超市情境，让学生进行角色扮演，以此提高学生的情感共鸣，引导学生切实感受理货员的辛劳，学会尊重超市工作人员的辛勤劳动。

此外，新课程标准强调自主、合作、探究的学习方式。在整节课的设计中，始终将课堂交还给学生，尊重学生的主体性，引导学生在自主学习、合作探究的过程中提高认知水平，深化道德认知，树立正确的价值观。

第四节 任务驱动的问题教学

任务驱动的问题式教学旨在以任务问题为主线，引导学习者在协作学习、交流互动的过程中内化知识要点，发散创造思维，达成学习目标。任务驱动的问题式教学强调一个明确的学习任务，引领学生围绕问题本质展开自主探索，增强学生在实践研究中的过程性体验，以此帮助其培养问题意识，构建知识模型，完善认知结构。任务驱动的问题式教学立足于学生的最近发展区，要求教师提供符合学生认知层面的启迪和诱导，留给学生充分的思考空间，帮助其在能够了解领会的层面上发展思维能力，实现自我超越。

一、教学设计

（一）设计理念

新课程标准倡导自主、合作、探究的学习方式。如何将问题式拓展教学与学生的多元能力培养结合起来，充分发挥学生的主体作用，是设计本节课的关键所在。因此在本次教学的过程中，教师主要采用任务驱动的问题式教学模式，旨在充分发挥拓展课堂的作用，通过创设问题情境以及开展多样化的活动，引导学生进行自主探究和实践，发展提升实践能力和探究精神，深化学生的环境保护意识，培养学生的社会责任感。

（二）教学目标分析

通过资料收集，了解垃圾如何产生、有哪些种类及危害，学会根据垃圾的种类进行分类处理，认识垃圾与环境保护之间的密切联系。

通过自主探究和小组合作，学会运用生活废弃品进行创作，提高实践能力和创新能力。

感受到与他人协作交流的乐趣，增强环保意识和社会责任感。

（三）学情分析

本课的学习者是小学高年级阶段的五年级学生。从身心发展特点来看，他们的思维有了一定程度的发展，能够结合自己的生活实际思考问题，学习的自主性和主动性明显增强；从生活能力来看，他们具备基本的生活经验和基础知识，对周围的事物充满好奇，初步具有解决基本问题的能力。以上两点都有利于本节课环保主题的深入学习。但是，由于综合实践活动课不在主科范围内，学生对其重视程度有所欠缺，学习往往只是流于表面，缺乏深入的探究和钻研。因此，在教学中应侧重设置多样化的课堂活动，以此调动学生的学习兴趣，引导学生主动参与和积极实践，不断增强自身的实践能力和探究精神。

（四）教材与学习资源分析

由于综合实践活动课没有统一的教材，因此本案例选取了《小学综合实践活动指导》的其中一个主题展开论述。这是一个与生活息息相关的主题，旨在引导学生了解垃圾的种类、垃圾处理不当的危害、垃圾的分类方法、垃圾的处理方法等基本知识，通过开展多种形式的课堂组织活动，让学生由内而外地产生保护环境的愿望，增强环保意识。

本课的教学重点：通过自主探究和小组合作，学会运用生活废弃品进行创作，提高实践能力和创新能力；教学难点：感受到与他人协作交流的乐趣，增强环保意识和社会责任感。

（五）教学模式与策略设计

教学模式：遵循任务驱动的问题式教学模式，结合学生的学情与实践课程的特点，课前布置学生收集整理资料，初步了解有关"垃圾"的基本知识，在新课的课堂展示中，以关注学生的汇报情况调整具体的教学节奏；课中创设问题情境，开展多种形式的活动，让学生在活动探究中感受垃圾处理不当给环境带来的巨大影响，从中体会合理处置垃圾的重要性，增强环境保护意识，培养社会责任感。

教学方法：通过播放视频创设特定的问题情境，让学生从直观上感受垃圾处理不当带来的危害，激发学生的求知欲和好奇心，为接下来的学习做好铺垫；采用游戏互动、实践活动等方式激发学生的学习兴趣，让学生主动投入课堂活动之中，积极参与探究实践，获取环保知识，感悟环保意义。

（六）教学活动过程设计

教学环节	教师活动		学生活动	组织形式
课前	1. 发布课前任务：（1）收集有关垃圾的资料；（2）准备可利用的废旧物品和制作材料 2. 提前准备《拯救地球妈妈》的视频和垃圾图片 3. 制作人手一份的带有垃圾标志的头饰		1. 在父母的帮助下利用互联网信息库，收集并整理有关垃圾的常识资料 2. 搜集可利用的生活废旧物品 3. 准备剪刀、胶带和绘画工具等相关制作材料	班级家长群布置课前任务
课中	环节1：创设情境 导入课题	1. 播放《拯救地球妈妈》的视频，抛出问题：为什么地球妈妈需要被拯救？ 2. 指出垃圾处理不当造成环境污染，揭示课题"垃圾的学问"	1. 观看纪录短片《拯救地球妈妈》，思考教师所提问题，进行讨论交流 2. 自主展示课前收集和整理的有关垃圾的常识资料	教师引导，自主展示，多媒体辅助
	环节2：问题驱动 初识垃圾	1. 提出问题：垃圾如何产生？垃圾处理不当有什么危害？垃圾如何分类？垃圾如何处理？组织全班讨论汇报 2. 借助多媒体展示垃圾分类标志，指导学生根据垃圾图片进行分类 3. 组织开展"为垃圾找个家"的游戏活动	1. 针对教师提出的问题，在小组内部进行讨论，小组代表汇报讨论结果 2. 观察垃圾分类的标志，对垃圾图片进行逐一分类 3. 根据分到头饰的垃圾种类，找到所属分类的标签	教师组织，问题驱动汇报交流，游戏互动

续表

教学环节	教师活动	学生活动	组织形式
课中	环节3：小组合作 变废为宝	1. 播放废物再利用的短片，向学生普及废物二次利用的知识，并鼓励学生提出更多生活中废旧物品再利用的途径和方法 2. 开展"变废为宝"活动，通过问题设置：要制作什么？选择什么来制作？如何制作？引导学生充分思考，发散思维，设计制作方案 3. 统筹组织学生将垃圾充分改造，变废为宝，对学生进行适时指导 4. 评价学生的制作及汇报情况，给予一定的肯定和鼓励	1. 观看短片，结合自己的生活实际，补充列出可再利用的废旧物品及改造方法 2. 根据教师给出的设计思路，在小组内部交流设计出"变废为宝"的方案 3. 动手操作，在小组内部利用准备好的材料进行协同制作 4. 小组代表展示制作成果，小组之间相互评价、彼此借鉴	教师统筹，合作实施展示交流，生生互评
	环节4：反思总结 拓展延伸	1. 带领学生回顾学习实践过程，对整节课进行总结提升，鼓励学生分享自己的收获 2. 提出问题：为了地球妈妈的幸福，你们打算怎么做？ 3. 布置课后作业： （1）以环保为主题制作手抄报；（2）自主设计有关环保的宣传标语	1. 主动分享学习成果和收获，畅谈自己的感受 2. 根据教师提出的问题发散思维，积极提出自己的看法和意见	教师总结，自主思考，畅所欲言

（七）课后学习设计

上完本课，教师的课后作业设计如下：

1. 以环保为主题制作手抄报。
2. 自主设计有关环保的宣传标语。

这样设计的目的是在课堂理论学习和实践探索的基础上，引导学生发挥创造想象力，灵活使用多种手段和形式来呈现所学知识，有利于促进学生完成知识的内化与升华，逐步提高实践创新能力，增强环保意识和社会责任感。

两项作业均为必做任务，学生完成后将作品发送至微信家长群，家长和学生之间互相评价、互相指正。手抄报部分要求学生个性创作、主题突出、新颖美观；宣传标语部分要求学生简洁凝练、构思新颖、感染力强。

（八）学习评价反馈设计

课中教师提问、游戏互动、实践活动——教师评价、生生互评和自我评价相结合。借助多媒体幻灯片，呈现问题情境，激发学生的求知欲和好奇心。通过开展形式多样的课堂活动，充分调动学生的学习积极性，引导学生自觉主动地投入课堂学习之中，提高动手实践能力和拓展创新能力。教师巡视课堂，指导学生进行实践创作，并能够对自己或他人的实践成果进行评价和反思，体现过程性评价。

课后拓展——完成一份环保主题的手抄报，自主设计有关环保的宣传标语。旨在总结和延伸课堂知识，引导学生通过不同形式和手段将理论转化为实践，以此巩固深化所学知识，进一步提高动手实践能力和创新思维能力，最终完成总结性评价。

二、教与学的实际过程概述

遵循任务驱动的问题式教学特点，结合综合实践课的基本教学方法，本案例的教学实际过程主要分为四个环节。

环节一（创设情境，导入课题）：教师利用多媒体播放《拯救地球妈妈》的视频，创设问题情境：为什么地球妈妈需要被拯救？引导学生积极思考，并在小组内部交流讨论。教师明确垃圾造成环境污染这一现象，随后揭示本节课的课题："垃圾的学问"，鼓励学生积极展示收集和整理的有关垃圾处理的基本知识。

环节二（问题驱动，初识垃圾）：在这个环节里，教师首先提出"垃圾是如何产生的？垃圾有什么危害？垃圾如何分类？垃圾如何处理？"等一系列问题，引导学生结合生活实际，在小组内部展开讨论，并派出代表汇报讨论结果，教师则根据学生的回答进行简要点评和指导。在这个过程中，学生以"问题"为导向，积极主动地寻求问题答案，充分体现学生的主体性。随后教师借助多媒体展示并说明垃圾分类的标志，指导学生观察垃圾分类图标，并将相应的垃圾图片进行逐一分类。最后教师组织开展"为垃圾找个家"的游戏活动，让学生根据自己的头饰所显示的垃圾类型，找到所属的分类标签。这里的游戏活动充分激发了学生的兴趣，同时检测了学生对垃圾分类知识的掌握程度。

环节三（小组合作，变废为宝）：教师首先播放垃圾再利用的短片，让学生初步了解垃圾二次利用的基本知识，并鼓励学生结合自己的生活经验，提出更多有关生活废旧物品再利用的方法。随后教师组织开展"变废为宝"活动，为学生设置相关问题，如：要制作什么？选择什么来制作？如何制作？引导学生根据教师的问题思路设计出制作方案，并在小组内部交流合作，展开创意制作，教师则进行适时指导、点拨提升。最后教师鼓励各个小组进行成果展示、相互评价，做到彼此借鉴、取长补短。在整个创作过程中，注重培养学生的动手实践能力和创造力。

环节四（反思总结，拓展延伸）：课堂尾声，教师带领学生回顾整个学习过程，对整节课进行总结提升，鼓励学生积极主动地分享学习成果并进行自我反思。随后教师提出拓展性问题：为了地球妈妈的幸福，你们打算怎么做？让学生发散思维，积极提出自己的见解和想法，畅所欲言。最后教师布置课后作业，帮助学生巩固课堂知识，培养学生的语言运用、绘画创作等拓展能力，提高学生的综合素质。

三、学生学习成果

学生能够结合自己收集和整理的资料，回答教师提出的一系列有关垃圾处理的基本问题；能够运用课堂上学习到的垃圾分类知识，按照分类图标将"垃圾"进行逐一分类；通过小组合作，发挥自己的创造想象能力，制定废旧物品二次利用的具体方案以及完成废品的创新制作。学生在这个自主实践的过程中对废旧物品的再利用已经有了一定的感知和兴趣，虽然最终的制作成果没有达到预期的效果，但大部分学生已在实践中领略到废物利用的奥妙和神奇，个体环保意识有了一定的提升，这使得之后的学习目标达成事半功倍。课后布置的手抄报和宣传标语作业则更大程度地拓展了学生的动手实践能力和创造能力，进一步增强学生的环境保护意识和社会责任感，全面提高学生的综合素质。

四、教学反思

由于小学生天性好动活泼，他们对实践操作这一类课程表现出极为强烈的兴趣。而实践课程本身的应用性和开放性也能满足小学生的玩乐心理和活动需求。在实际教学中，尤其忌讳教师将实践课程上成理论课程，只一味地向学生灌输理论知识。这样不仅使得实践课堂索然无味，学生的学习积极性也无法调动。事实上，实践课程强调的是以学生为主体，充分调动学生的学习积极性，让学生通过实践探究自主获得问题答案，整个实践课堂是一个动态生成的过程。因此，在本课的教学中，教师注重给予学生充分的实际锻炼机会和平台。无论是游戏互动、实践创作还是反思评价，都充分尊重学生的主体性，将课堂交还给学生，并针对实践课中综合性强这一特点展开教学。通过游戏互动和实践活动，一方面满足学生爱玩好动的天性，提高学生的实践创新能力；另一方面在充分的实践中，进一步巩固和深化学生个体的环保意识和社会责任感。

第三章　导向教学模式及经典案例

第一节　导向教学模式概述

根据导向模式的立足点，笔者将导向的类型分为任务导向、目标导向、行动导向、问题导向及成果导向等几种导向方式。其中任务导向源自任务驱动，强调任务的导向和调控作用。文中，以高中课堂教学为例阐释以任务为导向的导向式拓展课堂教学模式。

一、导向式拓展课堂教学模式要述

（一）基本定义

导向式拓展课堂教学模式注重"在做中学"的教学思想，是有目的地组织学生在学习中结合教师下达的任务、根据临床工作的真实情境，以及创造性地设计贴近学生实际的教学活动，引导学生通过学习讨论等方式完成学习任务，从而提高分析问题和解决问题能力的一种教学模式。本课堂强调在教学活动中通过任务来诱发、加强和维持学生的成就动机，以形成学生主体与教师主导有效融合的课堂。

（二）基本特征

1. 因学施教，以实践训练能力

让学生真正成为学习的主人。教育的目的在于广泛地发现学生的内在潜力，帮助学生的个人发展得以实现。教师在开展导向式拓展课堂的时候，应该根据学情，并在教学中创造开放式的教学环境，为学生创设和谐互动的氛围。学生的人格、情感的差异性应该得到教师的尊重与赏识。实践出真知，学生也只有通过实践环节，才能够对所学的知识真正掌握。同时，实践教学也是培养学生创新精神和实践能力的主要方法和重要手段。[①] 教师在教学活动中根据真实需要将教学知识与生活实际进行联系，设计切合学生学习兴趣的、生动有趣的、方法多样的训练内容，引导学生积极主动参与到实践当中，并适时对学生进行表扬和鼓励，帮助学生在自主探究中激发学习兴趣，通过参与实践活动不断训练动手实践、语言表达、思维创新等学生所需的能力，充分体现素质教育的实质。

2. 循序渐进，以情境引导思考

循序渐进是指教学要按照学科的逻辑系统和学生认识发展的顺序进行，使学生系统地掌握基础知识、基本技能，形成严密的逻辑思维能力。[②] 这就表示教师要重新审视学生在知识学习过程中的作用和地位，同时要善于借助外部情境，有效地培养学生的创新能力，引导学生对问题及任务层层深入地思考，使其更好地获得学会学习的能力。导向式拓展课堂，着力于通过教师对情境的有效创设，让学生把自己当做发现者、探索者，促进学生由浅入深地思考问题，鼓励学生自主质疑，学会发现问题，大胆发问，学会将实际生活与所学知识进行联系，在教师渐进的引导中能够掌握学习的方法，养成独立思考、灵活应用的能力。此外，创设质疑情境，可以引导学生的主动探究。"提出问题比解决问题更重要"，学生在教学过程中应勇于进行批判性思考，敢于质疑现有的答案，对他人的回答要有自己独特的想法，不断激发好奇心和求知的欲望。

3. 全面发展，以合作启发探究

全面发展是提高教育质量的必然要求，教师在学生自主学习的基础上

[①] 神惠子.小组合作学习模式中的教师角色与学习评价[J].中国大学教学，2016（02）：94-96.

[②] 张治国，王茹玉.论循序渐进的教学原则[J].新西部（理论版），2015（01）：123.

予以引导，在学生探究问题有困难时、学生的争论偏离方向时给予适当的指正，学生在教师含而不露的介入中找到学习的方向。[①] 教师在导向式拓展课堂上，注重学生的全面发展和个性发展紧密结合起来，将优势互补的学生安排在同一小组，激发不同潜质的学生。在小组合作教学中应该调动学生的学习积极性，充分重视学生的主体地位，在自主合作探究中实现真正的自主学习、有效的合作学习、实在的探究学习，实现组内优势互补，抓住良好的契机实现学生全面而有个性的发展。此外，以合作探究的方式，改变了以往教学过于强调接受学习、机械训练的课堂现状，提倡学生自主参与，自主探究，乐于手脑并用，培养学生搜集和处理信息、获取知识、交流与合作以及分析与解决问题的能力，并在学生思想的交融与碰撞中有助于推进探究与拓展的深度，持续性进行新知识的建构。

二、导向式拓展课堂教学基本流程

导向式拓展课堂教学模式通过"预习中激发兴趣、分析中明确要点、合作中执行任务、延伸中自我提升"四个环节在教学过程中融合"学生活动""教师活动"两个部分相互作用再进一步生成。在导向式拓展课堂教学中，学生根据教师提出的任务要求，在教师的引导下进行课前自主预习、课堂合作学习以及课中课后拓展延伸，教师则根据学生已有知识水平以及教学重难点安排学生不同阶段的任务，为学生的学习提供必备的资料库，为学生的学习提供方向与理论依据，引导学生层层深入地思考，协助学生完成合作探究学习。导向式拓展课堂教学模式如下图所示。

---

① 田丽俊.自主　合作　探究——浅谈对小组合作学习的反思[J].科技资讯，2015，13（30）：140-141.

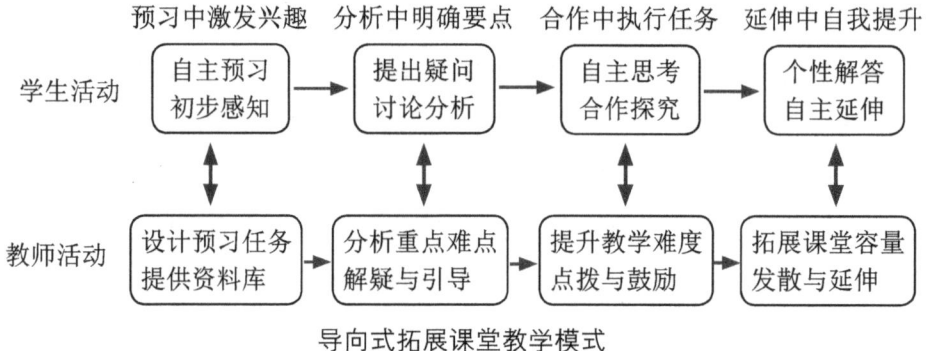

导向式拓展课堂教学模式

1. 预习中激发兴趣

兴趣是最好的老师，是人们积极探求新奇事物的动力。课前预习是教学的重要组成部分，却经常被忽视。在应试教育下，学生像一架机器总是被动地接受，在苦寡无味的联系中渐渐对学习产生厌恶，更谈不上浓厚的兴趣了。而在导向式拓展课堂教学中，教师根据学生的心理特点及认识规律以及新知识点的特点设计一些新颖、吸引力强、方法多样的预习任务，并为学生准备学习本课知识的必备资料库，诱发学生的学习动机，引导学生自主探究课文。学生在预习中充分调动学习兴趣，对学习内容产生想了解、想去读、想学习的念头，增强预习任务的激发作用以达到最好的预习效果，提高教学效率。[1]

在这一过程中，教师的教学活动重点是根据学习新知识点的需要设计预习任务，为学生提供必备的资料库。学生活动则侧重于根据预习的任务要求自主预习，初步了解下节课内容。

2. 分析中明确要点

教师善于利用多种资源营造良好的教学氛围，使学生在特定的情境中更好地理解教学内容。在这一过程中，教师按教学目标需要创设易于和谐互动，能有效激发学生学习积极性的教学情境，教师在引导学生分析任务的时候要帮助学生明确重要知识点以及能力培养的要求，从而保障教学内

---

[1] 师宗仁.在课前预习中激发学生的学习兴趣[J].语文学刊，2012（20）：166-167.

容的正确生成，减少教学的盲目性，并从中了解学生的掌握情况，适时调整教学策略，以期后续的合作探究起到良好的学习效果。在教师引导学生分析任务的过程中，学生提出预习过程中存在的疑问，在接下来的导向式课堂教学中参与讨论与分析，并向教师请教，请其对学生的疑点给予解答与引导，帮助学生循序渐进地对课文重点难点内容进行掌握与延伸，真正体现"以人为本"和"高效课堂"。

在分析要点的过程中，学生主动抓住机会发表自己的想法，针对有分歧有意义的问题，师生各抒己见，在合作与质疑之中收获学习成果。

3. 合作中执行任务

这一部分是课堂的重要环节，承接上一部分的充分准备而展开。另外，这一部分也为后续组织学生进行深度思考与延伸做铺垫。教师是小组合作学习的积极调控者、督促者。教师需要在小组合作学习过程中及时发现问题并加以积极的调控、督促，以此来促进小组合作学习的有效性，结合学生的心理特点与认识规律的影响来看，学生在小组合作的过程中将真实的想法和存在的困难主动与教师交流，共同探讨问题解决的办法，这样就拉近了学生与教师之间的距离，从而使师生关系走向平等和谐，有利于产生更好的学习效果。[①]

教师提出具有趣味性同时有一定难度的问题，鼓励学生在讨论中选择性吸收别人有价值的意见。在这一过程中，教师要充分发挥学生的主体地位，在学生互助自主学习的时间内给予适当点拨与引导。此外，学生参与任务的途径是不唯一的。比如，学生在深入思考与充分讨论之后，通过辩论赛、表演等方式展示学习成果。教师则根据不同的答案进行适当点评与引导，在生生互动与师生互动过程中推进任务的解决，引导学生积极参与课堂任务的同时感受求知带来的愉悦。

---

① 神惠子.小组合作学习模式中的教师角色与学习评价[J].中国大学教学，2016（02）：94-96.

4. 延伸中自我提升

在前面的学习与巩固的环节，教师的不断追问和疑惑的揭晓使学生的综合素质自我提升一步步得以实现。导向式拓展课堂教学的实质是通过外部知识逻辑与内部认知逻辑之间适当程度的内化冲突进行知识的延伸与学生的自我提升。学生对课堂中心思想的理解除了通过小组合作探究之外，也可以在个人展示性解答中进行。例如，学生可以对自己的理解进行演讲以及图片描述，也可以借助其他文章或作品的比较加以突出等方式，以此加深学生对知识的深化与延伸。除此之外，教师对课堂的延伸与拓展应适当与灵活，引导学生通过对知识与技能的掌握，体会课堂所学知识的深层意蕴。这一举措不仅能够提高课堂的生动性，还能够引导学生探究问题的本质，提高解决问题的效率，提升学生通过追根溯源，实现触类旁通等发散性思维的培养。

三、导向式拓展课堂教学提升策略

（一）学生的主体地位应得到充分体现

考虑到繁重的学习任务，许多学校仍旧存在"一言堂""赶进度"的"专制"现象，学生的自主性受到漠视，学生仅仅作为受教育对象的角色存在。学生主体性地位得到充分体现可以使课堂的这种现象发生改变。教师精心构筑的教学设计，既要达到面向全体学生，因材施教，培养学生的独立意识，尊重学生的人格和情感等目的，也要实现通过理论联系实际，有效调动学生学习的积极性和营造活跃的课堂气氛，不断丰富和更新学生的知识，提高学生能力的目标。当前体现学生主体性地位的主要方式是通过提供和创造机会让学生表现自我。当然，在体现学生主体地位的同时，应该强调学生自觉、主动、创新地学习，避免课堂活动的设计流于形式，导致课堂仅仅成为风风火火的"闹剧"，活动反而成为钳制学生发展的枷锁。

（二）注重高质量的提问引导学生自主探究

导向式拓展课堂上的自主探究学习，不仅仅是停留在学生的课堂所学。通过课堂上的巧问培养学生独立思考的习惯,以疑难和悬念激发学生强烈的求知欲,达到引导思维、发展智力、培养能力的目的。导向式拓展课堂还注重所提问题的质量对学生自主探究的引导性。教师根据学生的思维特点,层层递进地设计问题,根据学生的不同层次、不同思维水平选用不同的问题设计,让不同程度的学生都能从问题中受到启发。在教学的不同环节,教师应该注意从问题的"效度"和"坡度"着手,提问应避免过多虚假而浅显的提问,根据教材内容由浅入深地引领学生思维不断向深处拓展。除此之外,学生自主提问与解疑的过程,教师可以进行适当的引导,以推进学生逻辑能力的锻炼、批判性思维的提升,自主探究效果的优化。

第二节 对资源进行充分利用

学生语文素养提高的主要途径是课堂,而课堂效率与教师对各种资源的掌控情况以及课堂驾驭能力息息相关,教师应为学生的学习搭建一个切合学生实际的平台,为学生的发展创造良好的学习条件。因此,将网络资源、生活资源以及情感资源进行筛选后充分应用到教学中,教师发挥能动性,合理选择和有效利用各种资源的优势进行教学,能够突破课堂教学的空间限制,提高学生的学习兴趣,增强学生知识迁移的能力,为思维的延伸与拓展创造机会,为提高课堂效率、提高学生的语文素养铺路。

一、教学设计

(一)设计思路

本次课堂教学设计的主要理论依据是情境教学法,通过导向式拓展课堂的教学模式,致力于创设师生互动的教学情境,以任务为载体,教师及学生在交流中,实现思维的交融与碰撞,将情景教学与情感教育结合起来,进而实现对资源的充分调动和利用。教师依据学生认知水平以及教学目标设计不同难度的教学任务,任务的启动和执行都旨在帮助学生学会对网络资源、生活资源以及情感资源进行筛选与利用。教师指导学生小组合作探究活动的开展，发挥引导者角色。除此之外，学生的主体性的体现应贯彻整个教学过程，学生在情景体验中自主建构知识框架，在因果追问中对知识进行自主延伸拓展。

（二）教学目标分析

1. 语言知识

把握文章整体结构；提高整体感知及语言鉴赏能力；学习课文中运用语言的技巧、情景交融的写法以及比喻、通感等修辞手法的运用。

2. 语言技能

学习鉴赏散文的方法；提高质疑意识；以自主合作探究的方法进行学习。

3. 思维能力与情感趋向

感受荷塘月色的美景，培养健康的审美情趣；把握作者思想感情变化，体会作者在当时社会背景下对自由美好生活的向往。

（三）学情分析

高一学生对散文有一定了解，从朱自清的《匆匆》到《春》，对语言美、意境美也有所领会，但学生认识问题比较浅，对散文的阅读也大都只停留在浅层次的语言文字理解上，思维能力和审美能力尚在培养形成之中，需要教师进一步的引导和启发，尤其是对其自主探究学习进行引导和培养。

（四）教学内容分析

1. 学习内容分析

《荷塘月色》是人教版高中教科书（必修）第一册第二单元的内容，本单元的鉴赏重点是在整体把握散文思想内容和艺术形式的基础上，品味散文的语言，赏析散文的表现手法。本文是一篇写景抒情散文，作者运用娴熟细腻的描写，悉心遣词布字，巧妙使用了比喻、拟人、通感等修辞手法，把自己的淡淡愁绪融进了荷塘月色的景致之中。

2.重点难点分析

重点：理解文章结构的安排、写景的层次和语言的运用技巧。

难点：动词、叠词，比喻、通感等修辞手法以及借景抒情、情景交融等表现手法的巧妙使用，将这些技巧运用到写作中。

（五）教学模式与策略设计

本节课以导向式拓展教学开展，教学设计遵循循序渐进的原则，发挥学生主体性地位，教师正确引导学生进行"启动任务——分析任务——执行任务——总结任务"的教学过程。本节课需要注重网络资源、生活资源以及情感资源的充分利用，引导学生体验"情景导入，问题激趣；任务驱动，合作学习；重点追击，揭晓疑惑；回顾提升，锤炼精华"四个环节。

课堂伊始，教师利用多媒体配乐朗诵第4、5、6自然段，提问学生让他们联系生活以及文章的描写发表对荷塘月色的第一印象。紧接着教师提问学生喜欢的句段并说明原因，借助任务细品文章的文字、意境和情感，学生通过自主思考与小组讨论后发言。接下来，教师通过联系生活，在因果追问中激发学生思维的火花，再进一步引导和推进，帮助学生体会文章的情感。在回顾总结的环节中，教师引导学生用锤炼的重点构建任务导向的框架，结合本节课的具体体验，适时对学生进行春风化雨式的情感教育。

教学过程活动设计

教学环节	教师活动	学生活动	设计意图
环节1：情景导入，问题激趣	1. 情景导入：教师利用多媒体配乐朗诵第4、5、6自然段，以声入境 2. 提问学生让他们联系生活以及文章的描写发表对荷塘月色的第一印象	听老师配乐朗诵课文第4、5、6自然段，并联系生活对荷塘月色的情境进行想象与描述	学生在听教师朗诵的时候既可以对第一课时进行简单的回顾，又可以通过创设情境调动学习兴趣，迅速进入课堂状态
环节2：任务驱动，合作学习	任务一：教师提问学生喜欢的句段并说明原因，从文章的文字、意境和情感入手设计任务，如： 1. 叶子出水很高，像亭亭的舞女的裙，很少用裙子来比喻叶子，这里裙子与叶子有什么相似之处？ 2. 把"曲曲折折"换成"曲折"好不好？为什么？ 3. 这里写的是月下的荷塘，从哪些地方可以看出月亮的影子？……引导学生独立思考并进行合作探究	学生在思考、讨论的基础上进行语言赏析，感受并推敲文本的情感，结合教师提供的资料库、网上搜集的资料，生活实际以及课文重难点，在老师的引导下，从叠词运用（曲曲折折、田田），比喻（明珠、星星），拟人（羞涩、袅娜）等方面进行思考，从而达到鉴赏景物特色及语言技巧的目的	1. 借助任务引导学生从原文中找答案，学会细品文字、意境、情感的独特性 2. 学生在小组合作的过程中产生思维交融与碰撞的过程，教学内容逐渐深入；注重因情设境，为开展深度思考以及后面重点追击的环节做准备

续表

教学环节	教师活动	学生活动	设计意图
环节3：重点追击，揭晓疑惑	鼓励学生提出问题并归纳问题，以"追因"的姿态推进学习进程，组织学生踊跃回答，师生各抒己见，在合作中质疑，突出单元重点：整体感知，揣摩语言	学生探究回答教师提出的问题：如学生A提问："'我爱热闹，也爱冷静；爱群居，也爱独处'是不是有点矛盾？"（师生各抒己见）学生B提问："'微风过处，送来缕缕清香，仿佛远处高楼上渺茫的歌声似的，'作者在写荷花的香味，怎么又突然写到歌声了？"（师生各抒己见）……	教师根据学生的回答循循善诱，教学内容不断深入。学生结合单元重点，提出疑惑，在重点追击中，训练学生整体感知、揣摩语言的能力；提高对作者在文中表达的思想感情的领悟能力；提高对情景交融意境的鉴赏能力
环节4：回顾提升，锤炼精华	用锤炼的重点构建任务导向的框架，结合本节课的具体体验，适时对学生进行春风化雨式的情感教育	学生发表本节课的阅读收获，在老师的引导下构建本节课的知识框架，以学习主体的身份反思课堂表现，以及需要改进的地方	课堂小结可以理清知识脉络、问题与知识点的内在联系，提高学生的知识延伸拓展的能力，及时对学生探究的问题进行点评，特别是对作者写作意图的分析，加深学生对作者的敬意，促进学生对文章的深度理解，进而促使学生顺利达成学习目标

（七）练习与课外学习设计

通过本节课的学习，学生对本文的表现手法、修辞手法以及抒情散文的鉴赏有了进一步的学习和提升。结合本单元的重点，要求学生注重整体感知和揣摩语言，因此，课后作业是"结合本节课所学与你的现实生活以及网络资料，用300字左右的文字，写一段校园环境的景色，抓住景物的特点，安排合理的写作线索，采用合理顺序和即景抒情"。学生需要将所学知识与生活进行联系，近距离走进自然，用善感的心灵去体会，以自己独特的视角去发现和描绘自然，将所学知识通过审美形式表现出来。

（八）教学评价设计

本课的教学以发展性评价为主要方式，突出开放性、诊断性、过程性的特点，使学生通过各种形式的评价和反思来提高自学的能力，以实现教学质量的不断提高。

开放性评价：主要体现在用多元的尺度衡量学生的能力，如融入更多非认知的能力衡量维度，在认知目标中，也要求加强理解、综合、应用等高级思维技能的培养；多元的评价主体，如学生的自我评价、教师教学点评及家长的课外评价；多元的评价活动，如课上评价与课下评价或不同的探究性评价活动等。

诊断性评价：要求师生在教学过程中通过不断的评价和反思，找出存在的问题，制定解决问题的方案，学生知道自己完成了哪些学习任务、取得了哪些进步、怎样可以做得更好；教师通过发展性教学评价对教学计划、教案、教学模式等有更好的理解，从而不断提高教学能力。

过程性评价：发展性教学评价是一种循序渐进的、逐层深入的、关注学习者学习过程的评价模式，是贯穿于教学活动始终的。能力的形成是具有过程性的，以评价能力目标完成情况为主要内容的发展性评价也必然是在过程性完成的情况下才能起到以评促教、以评促学的目的。[①]

[①] 李君丽，祝智庭.基于新课改的发展性教学评价设计探讨[J].电化教育研究，2007（04）：66-68+72.

二、教学流程描述

本节课的四个环节紧紧围绕单元重点，引导学生学习充分利用网络资源、生活资源、情感资源进行文章的文字、意境和情感的赏析与品读，为学生的学习创造提高探究能力和提升语文素养的契机，在小组合作探究中注重任务的导向与知识的拓展。

课堂开始之前，教师和学生都已做好充分的准备，学生根据教师提供的资料库完成预习任务，对教学内容有了大概的了解；教师根据教学目标、学生思维特点以及最近发展区设计教学任务。

课堂正式开始时，教师通过情景导入，引导学生回顾第一课时的内容并快速进入荷塘月色的情境之中，开始新知识的学习。

然后，教师通过四个环节对本课的重点难点进行导向式拓展教学，这也是本课堂的重要组成部分，旨在引导学生通过充分利用身边的资源进行学习，在小组合作探究中实现知识的延伸与拓展。每个任务的开展都以学生为主体，为学生营造充满自主性、探究性的课堂氛围。学生在执行任务的过程中，以小组的形式为主进行讨论探究，并在教师的引导下，进行因果追因进而层层深入地对文章的文字、表现手法、修辞手法进行赏析与品读，呼应单元重点：整体感知，揣摩语言。

最后，师生进行互评与总结，在师生平等融洽的氛围下提出课堂的改进建议，为后期教学提高质量做准备。

三、学生课堂收获

本节课的教学重在使学生能够充分利用身边现有的资源进行语文知识的学习，能够将所学的知识与生活进行联系。经过本节课的学习，学生的散文鉴赏能力得到进一步提升。

在本次课堂的教学过程中，拓展课堂教学将学生的生活实际与课堂所学联系起来，让学生懂得将所学知识运用到生活中。经过"情景导入，问题激趣；任务驱动，合作学习；重点追击，揭晓疑惑；回顾提升，锤炼精华"四个环节的循序渐进的开展，培养学生在交流中思考，在合作中探究，在质疑中提升的能力。

四、教学反思

《荷塘月色》属于审美散文的学习课堂，我们通过循序渐进地启动不同难度的任务实施教学设计。学生在听、说、读、写中将所学知识联系生活，在小组讨论中进行思维交流与碰撞。

本次课堂值得肯定的地方有：第一，充分发挥网络资源、生活资源、情感资源等，教学的任务布置紧密联系课文与生活实际。第二，体现学生的主体性。以任务为载体，学生通过小组合作的方式，在教师的有效引导下，循序渐进地思考与探究，注重激发学生的学习兴趣和积极性。第三，以任务为导向进行知识的学习与延伸拓展，将教学目标融入任务当中，学生的思维不断延伸拓展但始终围绕教学目标进行。不同的教学环节，营造了和谐互动的氛围，师生在任务中学习建构知识框架并联系生活实际"刨根问底"，实现知识的延伸与拓展。

本次课堂需要改进的地方：第一，教学预设灵活调整，动态性开放生成。教学内容要根据实际情况灵活调整，真正走进学生的内心世界，使学生能够紧跟教师的引导。第二，课堂小结及时进行，及时性有效提升。课堂小结可以帮助学生理清知识脉络、问题与知识点的内在联系，提高学生的注意力，应该及时进行课堂小结。

第三节　对问题进行全面思考

素质教育需求下的课堂教学，应该更加关注学生思维能力的培养，以激发学生思维能力，促进学生发现问题、分析问题、解决问题能力的提升为基本出发点，教师进行针对性的引导和辅助，鼓励学生进行思考和想象，在学习中总结思维经验，灵活地进行抽象和概括，提升思维操作能力。学生在对问题进行全面思考的过程中不断突破现有知识水平，提高思维的活跃性，培养创造性思考问题的能力，拓宽思维广度和深度，实现综合素养和能力的提高。

一、教学设计

（一）设计思路

《学会调控情绪》一课的教学设计旨在引导学生全面地认识情绪，帮助学生学会情绪的自我控制和调节的方法，以阳光健康的心态看待情绪问题，同时能够帮助学生以积极的情绪发现自己的优势和潜能，激发学生的学习热情。因此，我们在设计本节课的教学环节时重在通过任务导向的方式引导学生对情绪问题进行全面的思考，以合作探究的方式，让学生认识不同情绪产生的原因和特征，寻求调节情绪的多维方法。

（二）教学目标分析

1. 知识与技能目标

了解青少年时期情绪抑郁波动、不稳定的特点；掌握情绪调节的一些有效方法，增强控制情绪的能力。

2. 过程与方法目标

逐步掌握一部分情绪调控的有效方法；形成自我调适、自我控制的能力；能够比较理智地调控自己的情绪。

3. 情感态度与价值观目标

明确调控自身的情绪对于个人行为和生活的重要性；合理宣泄不良情绪，保持积极、乐观、向上的情绪状态；尊重他人，关注他人的感受，适时适当地表达个人的情绪。

（三）学情分析

七年级的学生，随着人生观的逐渐形成，他们期待正确了解情绪，行使正确的方法调节情绪。在认知结构上，思维水平逐渐提高，他们具备一定的分析概括与理解能力，但自身对于如何正确认识和控制情绪又缺乏理性的、全面的认识和判断，教师应给予全面系统的教学，推进学生主动地解决困惑，从而促进身心的全面发展；在行为表现上，学生对于情绪调控的方法有一定的了解，但不愿意被动地听取他人的意见，需要教师用恰当的方式引导。

（四）教学内容分析

1. 学习内容分析

《学会调控情绪》选自思想品德七年级上册第六课第二框的内容。本框主要是让学生意识到管理情绪的重要性，初步掌握调节情绪的方法。通过探讨案例提出的问题，在比较中学会反思自我，可以帮助学生提高调控自己情绪的能力。

2. 重点难点分析

教学重点：全面了解情绪管理的重要性，初步掌握调控情绪的方法。

教学难点：通过活动学会合理发泄情绪和调整自己的情绪是本节课的难点。

（五）教学模式与策略设计

本次课堂主要以导向式拓展课堂引导学生对调控情绪这一问题进行全面的思考，让拓展式课堂更有生机与活力。

课前，教师布置预习任务，推送预习必备资料库；学生根据要求浏览本课大概内容。课堂教学伊始，教师通过游戏导入，体会不同情境下的情绪类型，由此进入本节课的主题。课中，通过案例分析、课堂讨论、角色替换等方法相结合，引导学生全面认识不良情绪产生的原因、调控不良情绪的重要性以及调控不良情绪的方法，通过活动，让学生在体验中得到启发与思考。

（六）教学过程活动设计

教学环节		教师活动		学生活动	组织形式
课前		1. 布置预习任务：预习课本内容，整体把握重要知识点 2. 准备本节课学习所需的资料，并用学生端推送资料库		1. 浏览课本内容以及教师推送的资料库 2. 完成预习检测	通过班级微信群接收预习任务及资料库
课中	（一）游戏导入	通过"击鼓传花"的游戏，小组进行传花，由第一组的第一个同学开始依次向其他同学传花，音乐停了，轮到谁谁就表演节目，游戏结束后采访表演节目和没有表演节目的同学的内心感受		参与"击鼓传花"游戏，表达内心感受	教师组织，学生参与游戏、发言
	（二）情绪的可调控性	环节1：观察情绪，明原因	出示图片，提问：为什么对同一件事情，不同的人会有不同的情绪表现？小结：情绪与个人的态度是紧密相连的	对图片进行观察，对产生不同情绪的原因进行猜测并进行小组讨论	多媒体展示，教师组织，学生讨论、发言
		环节2：转换角色，试体会	出示案例1，提问： 1. 小明的一天是怎样的呢？ 2. 他的情绪又是怎样的？ 3. 如果你是小明，你的情绪又是怎样的呢？	对案例进行独立思考，并通过小组交流表达内心想法	教师组织，学生发言与补充

续表

教学环节	教师活动	学生活动	组织形式
课中	出示案例2：（小丽期中考试考得很不理想，想到回家要挨妈妈批评，她非常难过也很懊恼，而同桌小静考得很不错，不仅喜形于色，还大声对周围的同学说她妈妈答应她考好了给她买全套的《网球王子》光碟，到时候借给大家看，小丽听到这句话一声不响地走出教室……） 提问：小丽当时的情绪表达合适吗？你能理解小静的心情吗？我们在运用一些方法调控情绪时，应该注意什么问题呢？	通过角色扮演，切身体会并归纳出情绪调节的目的	课件展示，教师引导，学生进行角色扮演
环节3：比较后果，知轻重	出示故事："二战"时期，一位叫瑟玛的女子不幸滞留在沙漠附近，她实在受不了恶劣的环境，觉得与其留在这里不如蹲监狱死掉算了。后来有一句话改变了她：两个人从监狱的铁栏往外看，一个看见烂泥，另一个看见星星。她开始喜欢沙漠的生活，欣赏沙漠的日出日落，主动与当地的土著人交朋友。 提问：学会调控情绪有哪些重要意义？	（1）根据故事，细品重要内涵，独立思考调控情绪的重要性 （2）联系生活实际，谈谈自己的感受	故事提升，教师引导，学生自主思考与发言

教学环节	教师活动	学生活动	组织形式
课中	（三）调解不良情绪的方法 1.让学生谈谈自己如何调控不良情绪的，并总结解释各种方法的含义和方式	学生结合自己家的生活提出：转移注意力（转移话题、改变环境等）；合理发泄法（在合适的场合哭一场、运动、唱歌、写日记等）；理智控制法（自我暗示、心里换位等）……	学生分享，教师总结延伸
	2.课堂检测，出示选择题、信息匹配题组织学生进行知识竞答	集中注意力参与竞答	课堂小练笔，巩固知识点
（四）本课小结	结合板书总结本课重要知识点	在教师的引导下回顾情绪调控的重要性以及不良情绪调控的方法	强调与提升本节课逻辑主线

（七）练习与课外学习设计

《学会调控情绪》的教学设计应该充分发挥学生的主体作用，调动学生的积极性，发挥学生的主动性，引导学生全面认识情绪调控的问题。因此，本课的课堂检测及课后作业紧紧围绕调控情绪的重要性、意义及方法进行设计，课堂小测及课后练习的作业布置以知识点的巩固与运用为主，加深学生对所学知识的理解。练习的布置注重数量和梯度，难度也应形成梯级，逐渐加大。本节课仅仅是我们导向式拓展课堂比较典型的案例，其他学科的教学也重在引导学生形成对问题进行全面思考的思维习惯。

（八）教学评价设计

课前预习任务：要求学生预习课本知识及教师发送的资料库。教师根据学生的心理特点及认识规律以及新知识点的特点设计一些内容形式新颖、吸引力强、方法多样的预习任务，并通过任务检测学生的预习情况；学生在预习中对教学内容有了整体的把握，增强预习任务的激发作用。

课中知识检测：选择题、信息匹配题的知识竞答。教师在互动中有效调动课堂氛围，引导学生明确重要知识点以及能力培养的要求，并从中了解学生的掌握情况，适时调整教学策略，以期后续的合作探究起到良好的学习效果。

课后内容提升：完成练习册本课内容相关练习，有兴趣的同学可以以"控制情绪"为题，写一篇小议论文。课后作业是课堂教学的有机延伸，是课堂教学的有益补充，应该起到帮学生有效巩固所学知识的作用，又能够培养他们举一反三的知识迁移能力和良好的归纳、总结等思维品质。[①] 因此，在充分调动学生学习的主动性后，适量的课后作业对知识的巩固深化以及对问题的全面思考将产生很大的作用。教师通过难易结合的作用考查学生对知识的掌握情况，选做题根据学生意愿以及时间安排自主完成，引导学生将所学知识与生活实际联系起来，将内化的知识用文字进行表达，再根据学生完成作业的情况进行自我反思与教学质量的改进。

二、教学流程描述

本次课堂紧紧围绕全面思考问题的要求进行教学设计，通过游戏与情景创设的方式，发挥学生的主体性，主动地全面了解情绪的可调控性，调控情绪的意义，掌握调控不良情绪的方法。

课前，学生通过自主预习，浏览课本并完成预习任务，了解教学的主

---

① 余云风.优化课后作业[J].山东师范大学外国语学院学报（基础英语教育），2006（01）：71-73.

要内容，对知识脉络有整体的掌握，并在富有趣味性与吸引力的资料库中激发学习兴趣。

本节课堂教学分三个环节进行，导入环节、情绪的可调控性、调解不良情绪的方法。

课堂伊始，通过"击鼓传花"的游戏，组织学生在参与游戏中进入课堂的主题。

接着，通过案例分析与角色替换，学习情绪的可调控性。在学习情绪与个人态度的关系时，通过两幅图片的对比，学生进行思考与回答，教师及时指点与引导。在学习不良情绪的影响时，学生对三个案例进行分析与交流，先后进行情绪的观察及角色的转换，教师从案例、角色扮演、生活实际中对学生的表现进行点评，将知识的教学融进学生的表演过程中。在提出调控不良情绪的意义时，学生联系生活实际，细品故事的深层内涵，教师对学生的发言进行总结提升。

然后，以学生自身经验分享的过程进入探讨不良情绪的调控方法的环节。学生结合自己家的生活提出：转移注意力（转移话题、改变环境等）、合理发泄法（在合适的场合哭一场、运动、唱歌、写日记等）、理智控制法（自我暗示、心里换位等）等主要方式，学生的分享可以为其他同学提供参考与借鉴。教师对转移注意力、合理宣泄法与理智控制法进行解释，学生了解各种调控方法的作用后对情绪调控有了更深入的了解。此外，在本环节设计了课堂随机检测，教师出示选择题、信息匹配题等让学生进行知识竞答，不仅能够让学生从激动的分享中再次集中注意力，还能通过竞答巩固知识点。

最后，以师生共同回顾本节课逻辑主线结束本课。在教师结合板书引导下，学生回顾本节课学到的知识，概括调控情绪的几种方法，进一步巩固知识点。

三、学生课堂收获

本次教学过程中，教师将游戏、角色扮演等活动融入课堂，发挥学生的主体地位，同时，也使课堂的教学氛围得到充分的调动，让学生对知识的学习不仅仅停留在课本内容上。在不同形式的活动中，学生对情绪的可调控性、不良情绪的调控方法的学习充满兴趣，课堂表现也十分积极。在角色扮演的环节中，大部分学生都能将自己内心的情绪表现得淋漓尽致，使同学们既饶有兴趣，又有所体悟。这一学习成果体现在小结环节学生回答过程中的良好表现。调控情绪的方法分享环节也能更直接地呈现出学生的智慧，为学生对调控情绪提供参考与帮助。学生的课堂检测及课后练习有令人满意的表现，体现学生对同一案例的不同想法，体现了学生思考问题的多维化、个性化。

四、教学反思

《学会调控情绪》是与生活态度、心理健康密切关联的一个框题，为提高学生的参与度，教师设计的活动以游戏及角色扮演为主，并将案例分析的任务交给学生，教师仅仅是引导者的身份，在活动中为学生创造思考与讨论和发言的机会，学生的积极性被充分地调动，课堂的活跃度也让人满意，效果明显。

然而，本节课仍存在需要改进的地方。比如，由于学生频繁参与在课堂活动之中，在每个环节的衔接部分，存在学生过于亢奋的情况，没有及时让学生平复心情，课堂秩序受到一定程度上的影响。

第四节　对实践进行有效操作

课堂实践是巩固课堂理论知识的有效途径，只有让学生亲自体验和实践才能真正领悟到所学内容的内涵。在参与实践过程中，学生能够将课堂知识和生活实际联系起来，促进各项学习任务的接纳和吸收。教师在设计课堂教学时，应根据学生的兴趣爱好、发展水平、生活环境，为学生掌握科学方法和提高动手能力提供舞台，在关注效率的同时，关注教学中教师和学生的互动，调动学生主体性作用，促进学生综合素质的培养和正确价值观的形成、教学质量的不断改进。

一、教学设计

（一）设计思路

听、说、读、写是落实语文工具性和人文性的重要途径。一方面，学生在体验和理解中体会语文的人文性；另一方面，教师通过多种形式引发学生想象和感受也体现充满人文意味的教育信念。《义务教育语文课程标准（2011年版）》明确指出："工具性与人文性的统一，是语文课程的基本特点。"这意味着，实现工具性和人文性双重功能，既要培养学生看书能够读通、读懂、读透，同时又要帮助学生吸收课文的优秀人文内涵，使之内化成为学生精神成长的人文养料。[①] 因而，本次课堂的教学设计重在引导学生通过参与实践活动去获取知识，找到语文学习的有效方法，在师生互动中理解文本、拓展思维。

（二）教学目标分析

《地震中的父与子》的教学分为两个课时，本次案例分析为第二课时，教学目标设定如下：

1. 语言知识目标

积累文中关于人物外貌、语言描写的佳句。

2. 语言技能目标

有感情地朗读课文，抓住人物外貌、语言、动作特点进行描写，反映人物内心情感的表达方法。

3. 思维能力与情感趋向目标

能够从课文的具体描述中感受父亲对儿子的爱以及儿子从父亲身上汲取的力量。理解信念和父爱的力量是伟大的，在最艰难的时候，它能激励人面对困难，战胜困难。

[①] 朱洁如.语文学科特性及其教学意义[J].全球教育展望，2016，45（06）：120-128.

（三）学情分析

从年龄特点及心理特点来看，五年级的学生有一定的阅读能力，但在理解课文情感时，大多数学生只能停留在文字表面的含义，很难立即产生深刻的内在感悟和情感共鸣；加之本文描述的内容与学生的生活经历有很大的差距，在初读时未必能扣动心弦，有感而发。对此，在教学过程中可以通过得当的方法安排，引导学生抓住文章当中描写人物外貌、语言、动作的句子，通过边读边悟的方法，体会人物的内心情感；同时通过收集资料，对比阅读，想象情境，个性朗读等方法，围绕重点内容通过自主探究、小组合作、交流互动等形式，引导学生体会父爱的伟大，并通过对实践有效操作的过程进行情感教育。

（四）教学内容分析

《地震中的父与子》是义务教育课程标准实验教科书《语文》（人教版）五年级上册的一篇精读课文。课文先写了在大地震的混乱中，年轻的父亲安顿好受伤的妻子，急切地冲向儿子的学校，尽管学校已成废墟，他还坚定地向儿子教室方位走去。接着写他不顾别人的劝阻，坚持寻找自己的儿子阿曼达。最后写经过38小时不停地挖掘，他的儿子和另外13个同学终于获救。文章内容晓畅，但内涵深刻，语言平实，描写具体，情感真挚，令人震撼。本组教材以"父母之爱"为专题，引导学生感受人间最平凡却又最深沉的亲情，进一步达到对学生的情感培育目的。学习这篇课文，一是让学生感受父爱的伟大力量，感受父子情深的情感，学会爱人，增强做人的责任感；二是引导学生通过人物外貌、语言和动作的描写，体会文章表达的情感，提高学生的阅读能力。因此，本节课的教学重点是有感情地朗读课文，并从课文的具体描述中感受父亲对儿子深沉的爱以及儿子从父亲身上汲取的巨大精神力量。教学难点则是领悟作者抓住人物外貌、语言、动作特点进行描写，反映人物思想品质的表达方法。

（五）教学模式与策略设计

教学思想：本次教学设计以发挥语文教学的人文性为主，使学生的心灵得到人文精神的涵养。课前，学生自主浏览课文，完成导学案的基础练习并在课堂上对存在较大问题的部分进行讲解。课堂上通过多种活动形式进行教学设计，使学生在体验故事中理解文章的表达技巧以及所蕴含的思想情感，在情感的陶冶中砥砺品德，完善人格。

教学手段：采用朗读中体验、质疑中拓展、联想中升华等方法进行学习实践，层层深入地引导学生感受文章的情感与内涵；在听、说、读、写的过程中充分调动学生的感官系统，从而激发学生的学习兴趣。

实践活动设定：发挥教师的导向作用，在学生为主体的课堂上进行自主探究、交流合作；通过听、说、读、写的过程，师生的互动在活跃的氛围中得以实现。学生在教师的引导下参与到实践活动中，逐步实现对思维脉络的理解，对人物描写技巧的学习以及对文章情感的体会。

（六）教学过程活动设计

教学环节		教师活动	学生活动	组织形式
课前		1. 布置预习作业： （1）自主浏览课文，完成导学案的基础练习 （2）搜集2篇你感兴趣的与亲情有关的文章，文体不限 2. 向学生推送汶川大地震中与文章主题相关的视频	1. 自主预习并完成预习检测任务 2. 观看教师推荐的视频	通过班级微信群推送预习任务及资料库
课中	创设情境，直入主题	1. 展示学生搜集的文章，并让学生说说推荐原因 2. 通过多媒体展示汶川大地震中亲情感人的照片 3. 解释主题：亲情与信念让人充满力量	1. 简要介绍自己推荐的文章 2. 借助多媒体展示的照片感受蕴含的情感，表达感受	教师组织，学生参与

教学环节		教师活动	学生活动	组织形式
课中	聚焦文本，深化理解	1. 让学生快速浏览文本，并找出重要信息： （1）关键句："这对了不起的父与子，无比幸福地紧紧拥抱在一起。" （2）一条主线：父与子始终信守的诺言："不论发生什么，我总会跟你在一起！" （3）两个板块："父亲的了不起"和"儿子的了不起"。 2. 抓住关键句，指导学生有感情地朗读："这对了不起的父与子，无比幸福地紧紧拥抱在一起。"鼓励学生围绕关键句提出疑问，并在交流讨论后对问题进行解答 3. 与学生交流互动，引导学生感悟重点语句，与作者、课文的人物进行心灵的对话，把握文章的主题	1. 快速浏览课文并圈画出重要信息 2. 针对关键句提出疑问并讨论交流： （1）为什么说这是一对了不起的父子呢？ （2）父亲在救助儿子时是怎么样的心情？ 3. 说说自己对重点语句的理解，在交流中感悟文章的情感，感受父爱的力量	多媒体辅助教学，教师组织，学生讨论、发言

续表

教学环节		教师活动	学生活动	组织形式
课中	联系生活，升华情感	1. 联系中心句，让学生个性表达：如果你就是阿曼达，在漆黑的废墟下，面对着惊慌失措的同学们，你会怎么说，怎么做？ 2. 通过富有感染力的语言，与学生进行心灵的交流，情感的碰撞，学生在层层叩问中，将问题联系生活进行回答，进而一步步提升文章的情感	1. 联系生活实际，进行独立思考 2. 小组讨论交流 3. 在与教师的互动中，对父亲38个小时的挖掘过程进行反复探讨，想象父亲挖掘的艰难，提升对文章情感的理解	教师组织，小组讨论、发言
	巩固知识，锤炼精华	通过板书，引导学生根据板书复述文章的脉络	借助板书，将故事的大概内容进行复述	板书提示，教师引导，学生复述
课后	作业布置	1. 安排学生以小组为单位，设计一份以"亲情"为主体的小报 2. 给父母写一封信，表达自己对他们的感恩之情	参与小报设计；给父母写一封信	

（七）练习与课外学习设计

课中：联系中心句"这对了不起的父与子，无比幸福地紧紧拥抱在一起"，让学生个性表达：如果你就是阿曼达，在漆黑的废墟下，面对着惊慌失措的同学们，你会怎么说，怎么做？

课后：以小组为单位，设计一份以"亲情"为主体的小报；给父母写一封信，表达自己对他们的感恩之情。

（八）教学评价设计

课前预习任务——通过任务检测学生的预习情况。教师根据学生的心理特点及认识规律以及新知识点的特点设计一些新颖、吸引力强、方法多样的预习任务，在教学过程中根据学生的预习情况有侧重点地开展课堂。

课中知识检测：教师在互动中有效调动课堂氛围，引导学生明确重要词句蕴含的情感以及人物描写的技巧，并从中了解学生的掌握情况，适时调整教学策略，以期后续的合作探究起到良好的学习效果。

课后内容提升：以小组为单位，设计一份以"亲情"为主体的小报；给父母写一封信，表达自己对他们的感恩之情。目的在于对课堂教学进行有机延伸和拓展，能够引导学生将所学知识与生活实际联系起来，将内化的知识用文字进行表达，培养学生举一反三的知识迁移能力。再根据学生完成作业的情况进行自我反思与教学质量的改进。

二、教学流程描述

在导向式拓展课堂"在做中学"教学思想的指导下，按照语文教学的基本方法，本次教学设计的实施过程如下：

课前：布置预习作业，并向学生推送汶川大地震中与文章主题相关的视频。学生自主预习并完成预习任务，对内容进行整体把握。在观看教师推送的视频后，学生对文章蕴藏的情感产生一定程度上的共鸣，帮助学生将真实的情感融入其中，真正体会到父亲对孩子的爱。

课中：课堂伊始，通过学生推荐与爱有关的文章，以及多媒体展示汶川大地震的感人照片创设情境，进而开始《地震中的父与子》第二课时的学习。接着，引导学生快速浏览文本，并找出文章的关键句、主线以及两个板块，为深入理解文章做好准备。紧接着，鼓励学生抓住关键句："这对了不起的父与子，无比幸福地紧紧拥抱在一起。"提出疑问，在组内进行交流讨论后对问题进行解答，在问、听、说、想的过程中感悟中心句蕴含的深刻内涵。然后在师生互动的过程中，对描写父亲持续38小时孤军奋战的片段进行心灵的交流和情感的碰撞。引导学生在交流中感悟文章的情感，感受父爱的力量。承接上个环节的是与学生共同品读、感悟重点语句，在交流互动中引导学生与作者、课文的人物进行心灵的对话，把握文章的主题。最后，通过板书，教师引导学生根据板书将故事的大概内容进行复述，理清文章的脉络。

课后：布置学生以小组为单位，设计一份以"亲情"为主体的小报；并给父母写一封信，表达自己对他们的感恩之情。教师对优秀成果进行展示与点评。通过课后小练笔，将所学知识与自己的生活实际相联系，体现所学知识的价值，更体现语文学科"人文性与工具性"的统一。

三、学生课堂收获

学生在本次课堂的学习后，能够联系生活实际感受亲情的力量，每个小组设计的亲情小报呈现出很好的效果。在展示成果时，教师采访学生关于感恩信的背景故事、小报设计的思路以及感受。经过本次实践活动，学生对课堂上接受的情感教育通过听、说、想、写的过程内化后进行表现，对文章的内涵有了深刻的体会，虽然感恩信和亲情小报还不能用优美的语言进行表达，但是学生的情感通过简单直白的句子流露出来，证明本次课堂取得了较好的教学效果。

四、教学反思

由于文章描述的情景与学生的生活经历有很大的差距，学生对文章内容和情感的理解需要教师充当桥梁的作用。而联系上下文以及生活实际对课文描绘的情景进行想象，能够帮助学生深刻地体会。在教学过程中，教师不能急着把自己的理解告诉学生，阻碍学生思维的碰撞。这样既抢了学生领悟文本表现力的机会，又容易打消学生的学习劲头。实际上，作为学生与文本之间的桥梁，教师及其对实践活动的设计与实施不仅给学生创造展示自我的舞台，还要借助文本对学生进行情感的碰撞以及人文的熏陶。因而，在本次课堂上，着眼于学生思维的调动和情感的激发。不管是情境的创设、文本的研读，情感的体验，都是体现思想情感对语文学习的艺术作用。通过交流互动，能够在引导学生领悟文本的表现力，与文本的多次对话中，升华对"父亲了不起"的崇敬之感；还能在情境的熏陶下，感悟语言文字蕴含的父子深情，实现情感和语言的同构共生。

第四章 激趣教学模式及经典案例

基于第一讲中介绍的拓展课堂的基本特点及教学范式,结合激趣式教学模式的突出特点和实践优势,我们在拓展课堂教学改革实践中探索了激趣式课堂教学模式,并筛选出了激趣式教学设计与实施的三个经典课例,希望能帮助同行教师更好地理解激趣式教学模式。

第一节 激趣教学模式概述

一、激趣教学模式概述

(一)基本定义

《现代汉语词典》对"兴趣"一词的释义:"兴趣"是人力求认识某种事物或从事某项活动的心理倾向。[1]它以需要为基础,由对事物的认识和获得在情绪体验上得到满足而产生。激趣就是在课堂教学中,教师运用各种方法、手段、技能,激发学生认识事物、探索真理的兴趣,使学生在积极的情绪中学有所获、学有所感,感受成功的乐趣。爱因斯坦教育理论认为:"兴趣是最好的老师,它可激发人的创造热情、好奇心和求知欲。"[2]激趣式教学模式的意义在于让学生在参与各种各样的趣味活动的过程中感受学习的乐趣,从而唤醒学生的学习动机、激发学生的学习潜力。通过让学

---

[1] 中国社会科学院语言研究所词典编辑室.现代汉语词典(第6版)[Z].商务印书馆,2012:1460.

[2] 爱因斯坦.爱因斯坦文集(第三卷)[C].商务印书馆,1979:144.

生去观察、去思考、去体验，甚至是创造，用智慧去实践，引导学生在活动过程中感受知识中所蕴藏的精彩，让学生沉浸在学习的乐趣之中，做到趣感知识，趣学知识，趣用知识，趣解生活。激趣式教学模式以学生的社会生活经验为基础，注重培养学生的创造性能力，即在学生主动参与课堂学习的过程中，通过趣味观察和趣味实践，帮助学生突破思维定式，培养创新意识，从而提高学生的独立思考能力和问题探究意识，发展学生自主创新能力，积极主动地参与到学习中来。教师策划、组织各种趣味活动，让激趣式拓展课堂不再仅仅局限枯燥的理解、记忆知识，而延伸至主动性极强的发现、探究知识，让学生从不同角度接触学科，内化知识，拓展见识，从而丰富学生的学习经验和学习素养。在激趣式课堂教学中，学生的学习主要来源于"体验"。教师在教学中设计极富趣味性的课堂活动，将情感的体验、知识的体验、技能的体验融入各项活动中，让学生在平等、轻松、愉快的教学体验中有所感悟。

（二）基本原则

1. 趣味性

中学是学生培养良好学习素养的关键时期，学生的终身学习意识在这一时期得到启蒙，价值观、人生观逐步建立。趣味性是教师的教学行为得到学生关注的一个重要基础，在教学进行的过程中，教师一定要注重建立一个轻松愉快的教学氛围，抓住学生的课堂注意力。建立教学氛围的方式可以通过趣味的活动，如游戏、观影，也可以通过生动的教态，如适度夸张的语音语调、形象的行为动作等。

2. 参与性

提高课堂学生参与度是提高课堂教学质量的保证，教师要完全放弃和摆脱传统的"填鸭式"教学，让学生参与到课堂学习中去，学生才能真正成为课堂学习的主人。[1] 参与是指在教师所创设的课堂环境中，学生发挥

---

[1] 钱丹. 小学数学课堂教学中学生参与的重要性[J]. 数学学习与研究，2012（24）：61.

主体性，投身于课堂建设并完成学习任务的过程。该模式下的学习正是这样的一个过程：注重将学生体验、探究和解决问题的过程与激趣相结合，实现学生创造性发展。课程设计与实施要注重学生课堂激情的调动，引导学生自主参与到课堂中来，不断地在互动、讨论、合作等参与性活动中，逐步养成研究意识和实践意识。学生知识和技能的发展，必须要在参与中才会有所成效。因此，激趣式教学，必须要落实到学生的课堂参与中。激趣式拓展课堂教学，教师在教学过程中要结合学科特点设计多种多样的活动，让学生能够参与到课堂中，在具体的活动中获得对学习的激情。

3. 生本性

"生本教育"理念倡导者郭思乐教授认为，教学就是在教师的支持下，激起、强化、优化学生自主学习的过程。教师的作用并非压抑学生的自学，削弱学生的自学，而是应首先承认学生拥有这样的能力去获得自主学习成果，主动充当学生的协助者、合作者，利用灵活的教育手段为学生创设适宜的学习环境，从而激发学生的学习欲和创造欲。学生是拥有独立思维的个体，有很强的自我意识，有十分鲜明的个性品质，更有自己的思维逻辑。"每一位学生都承接了人类生命的全部精彩"，在教学活动中以生命为本，以学生的自主提升为核心无疑是我们所重点提倡的。[①] 而教师在激趣式教学拓展课堂中充当的是一个指导者和促进者的角色，他们要做的就是设计一套丰富多彩的趣味教学方法去帮助学生发挥主观能动性。通过教师的点拨，引导学生学会自学、突破自学。激趣式拓展课堂教学，十分注重开发学生的无限潜能，根据学生的学习能力现状、身心发展特点、知识与技能的掌握程度，制定适宜的教学方式、教学活动等设计课堂。在设计教学的过程中平等对待每一位学生，承认生命的发展潜能，真正从学生角度出发，赋予课堂生命的气息。

---

① 郭思乐. 以生为本的教学观：教皈依学 [J]. 课程·教材·教法，2005（12）：14-22.

二、激趣教学模式基本环节

激趣式拓展课堂教学模式是基于学生的现实生活,以激趣式教学模式驱动教学。在"拓展"的教学环境下探索知识的拓展性与趣味性的深度融合。在课前,教师将根据本课的学习目标为学生安排课前趣味性的学习任务,采用先自主预习再教学的方式,让教师了解学生的学习情况,及时调整自己的教学计划后利用进一步的教学活动完成教学目标,最后总结本课的知识,从中培养学生的学习兴趣。具体的激趣式拓展课堂教学流程如下图所示。

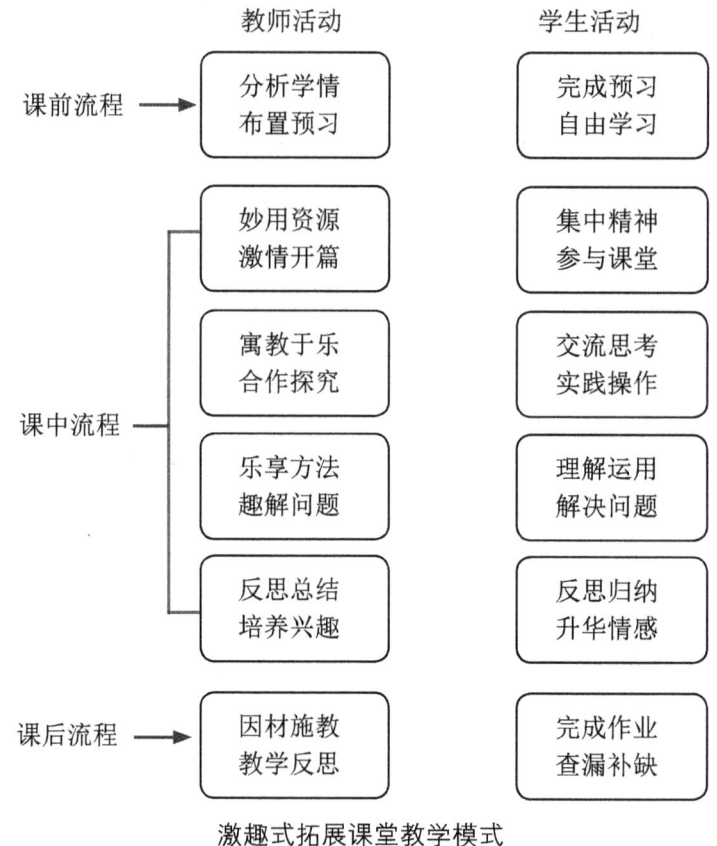

激趣式拓展课堂教学模式

（一）课前流程

先预习后教学，先反馈后调整。教师将会在课前了解学生学习的基本情况，布置一些预习任务，例如小练习、小阅读等，学生根据教师的要求自主对新课进行预习，对新课有一个初步的学习。

（二）课中流程

1. 妙用资源，激情开篇

学习来自生活，巧妙地利用各种资源是激起学生学习的第一步。可利用的资源，如学生感兴趣的信息、学生随处可得的材料等，教师巧妙地利用这些资源进行新课的开篇，能够牢牢地抓住学生的注意力，营造出富有激情的课堂气氛，为接来下的学习奠定了良好的基础，调动了学生的积极性和主动性。

2. 创设情景，寓教于乐

新课标指出，学生是学习的主体，我们必须发挥学生的主观能动性才能让课堂的效率得到提高。我们利用情景的创设让学生乐于主动参与到教学活动中来，吸引学生在各种趣味活动中发挥智慧，独立分析问题，给予学生适当的成功体验，营造一个轻松、愉快的教学氛围，让学生对知识有一个浅层的理解。

3. 趣味合作，深入探究

教学改革以来，施教者都十分重视课堂上对学生的合作、探究能力的培养。但学生的探究内容必须要有一定的深度，不能为了探究而探究。除此之外，探究的内容要有趣味性，要让学生产生求知欲和探究欲，才能更好地激发学生学习的兴趣。学生自主合作过程中分配任务、共同协商，充分发挥主观能动性，结合实际情况，总结出一个最终结果，最后派代表上台阐述观点。

4. 乐享方法，趣解问题

在两轮对知识的接触后，学生的理论知识已经得到了一定的掌握，也明白了一些解决问题的技巧，但尚未完全领悟。因此，教师要根据学生的实际特点为学生展示形式多样的练习题供学生操练，除了常规练习，还可以准备例如情景模拟、有奖抢答等形式的练习题，让学生在实践中不断强化和提升对知识点的理解。采取小组竞赛、个人计分等形式调动学生的热情，让学生有更强的学习动机去参与练习题解答。

5. 反思总结，培养兴趣

在几轮紧密的学习和练习之后，教师应及时组织学生自主总结本节课的所学内容，反省自己还有哪些地方没有掌握，给予学生自由表达的机会，引导学生明白学思结合的重要性，从而建立起对新教学内容的认知结构和价值体系。教师在帮助学生梳理知识结构的同时，也要缓解小部分学生与知识的"冲突"，帮助学生培养对知识的情感、培养对学科的情感，乃至对社会、对国家的情感，激起学生对学习的兴趣，对下一次的学习充满好奇和期待。

（三）课后流程

课后流程是因材施教、教学反思。教师通过分析学生所做的课后作业、教学评价、学习素养等情况，了解学生学习后的吸收效果与预期效果之间的差距，了解本次教学的成果与不足。从学生和教学本身入手，对成功之处加以记录和巩固，对不足之处进行深入的教学研究，探寻更优质的教学手段因材施教，从而达到教学反思的效果。

三、激趣教学操作注意事项

（一）结合学科——让乏味知识生动起来

随着学科知识的难度加深，学生会渐渐产生对学习的无力感，从而滋长各种负面的学习情绪，知识在学生眼中也会更加枯燥无味，失去学习兴趣，久而久之会对其价值观、人生观产生消极影响。因此，结合学科，让乏味知识生动起来是非常有必要的。结合学科开展的趣味活动具有让枯燥乏味的知识变得生动亲切的力量，大大提升了学生对理论知识的接受能力，帮助学生在潜移默化中获得知识，从而使学生的认知结构和知识体系得到更坚固的构建。教师可以结合学科知识开展演讲比赛、绘画比赛、表演比赛等，让学生参与其中，拉近学生与知识的距离，激发学习动机。还需要提醒一下的是，学科知识点的学习始终都是学生教学课堂中的重要组成部分，虽然我们十分倡导课堂应该有趣丰富，但无论如何我们的趣味都必须是围着学科来展开的，不可为了有趣而有趣，使教学课堂失去了原有的知识性和严谨性，偏离学习目标，反而会适得其反。

（二）依于生活——让枯燥课堂亲切起来

所有学科的本质都是与实际生活有密切联系的，它们的教学内容和教材编排都是以为了学生能够更好地生活为出发点，与学生的实际生活密切相关。因此，教师在给学生上课的时候，要做到既让学生明白知识点本质是来自生活，而结局又将走回生活之中。也就是要让课堂回归到生活中，在课堂上所学的知识，要在生活中有所体现，在实践中有所体验，从而更好地领悟知识点，提高对学习的兴趣。只有富有生命气息的课堂才能孕育富有灵动气息的学生，才能培养学生积极乐观的生活态度，铸造美好人格，达到学习的真正目的。教师在教学过程中，可以多采用发生在学生、自己身边的事例，将事例纳入教学内容中，引导学生多观察、多联系生活实际，增加课堂亲切感，让知识的"形象"不再枯燥陌生，而是立体又多面的。

（三）形式多样——让固化思维活动起来

随着教育改革的不断发展，教学课堂也逐渐呼唤改革。现在教师的角色更倡导做引导者、协助者，放手让学生尝试自主学习，而不再是由教师在课堂上充当主宰的角色，拒绝传统课堂中的"填鸭式"教育。传统教育显然已经不符合时代的需要。教师可以通过形式多样的活动去引导学生的自主学习，给予课堂更多灵动的感觉。例如，教师在设计一堂历史课时，可以通过角色扮演的形式让学生自主创设一个历史情境，在演绎中体会历史人物的感受，仿佛身临其境一般，引人入胜。也可以通过观看历史影片，让历史活灵活现般地呈现在学生眼前，将历史知识更牢记于心的同时也引起学生对历史的探知欲，对接下来的历史学习极富益处。更可以通过历史抢答、历史辩论等多种形式，唤醒学生原有的知识积累，进而促使学生把感性的认知上升到理性的顿悟，激发其内心的情感，最终形成知识的内化。除了在课堂上的各种活动，学生还需要更大更广的舞台去检验自己的能力。因此，教师需要帮助学生突破课室的局限，通过形式多样的户外活动去发散学生的固化思维，充分利用课堂以外的资源，例如家庭活动、校园服务、社会实践，这些都是很好的渠道。只有通过形式多样的活动，才能让学生在感受学习的趣味的同时增长才干，激发学生的学习潜力，培养学习素养，提高创造性思维能力和自主实践能力。

第二节　在游戏中激趣

游戏是一种组织性强、受众面广、内容丰富的活动方式，能够很好地与学生的身心发展规律相契合。教师要巧妙地将游戏的趣味性与教学内容的严谨性相融合，达到枯燥的理论生动化，抽象的模型直观化，单一的知识立体化的目标，如此一来，既还原了知识本身的韵味，又激发了学生学习的兴趣，牢牢地吸引住了学生的注意力，提高学生学习的动机，为高效教学添砖加瓦。

一、教学设计

（一）设计理念

本案例的教学内容是人教版小学三年级英语下册第三单元"At the zoo"，是一节词汇及句型教学课。由于三年级下册的学生已经学习过了相关的动物词汇和人称词汇，所以以此为切入点，导入本节课的教学。本节课的教学内容主要分为词汇教学和句型教学两个部分。在课程设计上，教学重点是让学生通过形式多样的小游戏了解并掌握本课所要求的词汇，并自主感知、归纳和体验"It's so..."句型的用法，让学生收获自主探究的成就感，提升学生的综合能力。

（二）教学目标分析

1. 知识技能

通过形式多样的学习活动掌握 tall，short，fat，thin 的读法，并理解这些单词的意思；认识并理解"It's so..."句型的意思及用法。

2. 语言技能

学生通过句型的使用练习活动，不断提升对"It's so..."句型的理解，提高阅读应用能力并能使用该句型进行灵活造句，提高学生的英语语感。

3. 情感态度与价值观目标

培养学生英语学习的浓厚兴趣；培养学生积极参与的学习态度，能够通过自主思考和小组合作自主完成归纳总结；激发学生对小动物的喜爱之情，以及培育学生热爱生活、热爱生命的情感。

（三）学习者特征分析

本节课的授课对象是小学三年级的学生，此时的学生已经学习了 giraffe，pig，cat 等动物词汇，woman，girl，boy 等人物词汇，以及 he，she，it 等人称代词，具备一定的英语学习基础，通过已学词汇来启发新词汇的学习方法，可以使学生更高效地认读新词汇。

三年级学生的特点是活泼好动，教师让学生在小游戏中学习，可以激发学生的学习热情和发散学生的学习思维。

（四）学习内容与任务分析

本课学习内容为人教版小学英语三年级下册第三单元"At the zoo"的 A 部分 Let's learn，重点引导学生学会认读 tall，short，fat，thin，认识并理解"It's so..."句型。

本课的教学中，教师要有意识地引导学生进行启发式学习，尝试通过形式多样的小游戏，例如动作模仿、角色扮演等，引发学生的自主思考和合作交流，逐步学会认读 tall，short，fat，thin，掌握"It's so..."句型的用法，激发学生学习的热情，培养学生积极参与的学习态度，形成自主思考和小组合作意识，从而达到本节课的学习目标。

1. 教学重点

学生能认读 tall，short，fat，thin，掌握"It's so..."句型的用法。

2. 教学难点

理解、掌握"It's so..."句型的用法。

（五）情境创设与教学策略

在教学过程中，教师采用形式多样的趣味教学手段和教学活动，例如动作模仿、角色扮演等，通过趣味活动让学生反复对知识点进行巩固和运用，加深学生对知识点的理解，熟练认读 tall，short，fat，thin 等目标词汇，自主归纳出"It's so..."句型的使用规则，理解它的使用语境，达到逐步培养学生读词记词的能力，提升学生的英语语感的目的。

1. 情境创设

通过教师生动的语言和相关的情景视频为学生创设身处动物园的情景，让学生以饱满的热情迅速进入课堂特定情境中来，起到复习旧知，启发新知的作用。

2. 教学策略

课前——教师设计并下发导学案，让学生了解本节课的学习目标、学习重难点以及情感目标，并尝试阅读课本提供的小故事，组内分享自己阅读后的收获。

课中——教师根据学生们所得的收获适当调整教学内容，引导学生在活动中逐步学习目标词汇和目标句型，最后通过趣味活动巩固所学内容。

课后——学生利用在课前、课中所学到的知识完成趣味的家庭作业，熟练认读 tall，short，fat，thin 等目标词汇，理解并能熟练使用"It's so..."句型，达到逐步培养学生读词记词的能力，提升学生的英语语感的目的。

（六）教学活动过程设计

教学环节	教师活动	学生活动	设计意图
Step One: Warming up and revision	Greeting	向教师问好，日常口语互动。	利用相互问候来拉近教师与学生的距离。
	播放动物园视频 Play a video of giraffes, bears and other animals in the zoo.	欣赏动物园中小动物的姿态，并让学生用英文说出小动物的名称。	通过视频创设一个在动物园中的情景，让学生放松心情的同时对曾经学过的动物词汇进行复习，为下面的词汇和句型学习做铺垫。
Step Two: Presentation	介绍自己的"兄弟" My little brother is very tall, but he is very fat. My brother is short, but he is thin.	学生初步感知 tall, short, fat, thin 的词义。	通过教师对自己兄弟的介绍引出"tall, short, fat, thin"的教学，并引导学生初步理解各词汇的词义。
	"行为模仿"小游戏 Learn new words by imitating games.	用学习"tall"时的情景举例：1. 学生模仿视频中游客的语气对长颈鹿进行评价："It's so tall."同时模仿视频中的游客做出"很高"的手势。2. 学生自主体会并思考"tall"的意思。3. 学生举手抢答。	通过对视频中游客的模仿，让学生拥有角色代入感，体会到视频中的游客在看见长颈鹿时的心情，再加上"很高"的手势提示，不仅启发了学生对"tall"这个词汇含义的进一步思考，尝试自主得出正确的词义，同时也让学生初步感知和思考"It's so..."句型的使用方法。

续表

教学环节	教师活动	学生活动	设计意图
Step Two: Presentation	"角色扮演"小游戏 Group work: If you are the director of the zoo management department, what animals do you add? Please explain your reason with the new sentence pattern.	1. 学生组内分享自己选择引进的小动物。 2. 在教师的引导下共同回忆并探究"It's so…"句型的用法，并尝试使用该句型来解释自己想要引进这个小动物的原因。 3. 每组派一个"管理员"代表汇报本组的最佳造句。	利用角色扮演，赋予学生新的"身份"，让学生更有激情地投入小组合作中来，引导学生自主探究"It's so…"句型的使用规则，在培养学生的合作精神和自主学习能力时也培养学生对小动物的关爱意识。
Step Three: Practice	"开火车"小游戏 Let's see which group is the fastest to finish reading.	学生开火车读单词，加速锻炼看词能读的能力。	通过小游戏加速锻炼学生对新词汇的认识，以达到巩固新词汇的目的，使操练范围更广。
	"击鼓传花"小游戏 Teacher organizes the game.	学生反复念新学的词汇，手上抛着花球，在教师喊"stop"以后停止抛球，此时接到花球的学生要用新词汇和新句型对PPT上呈现的人物或动物造句。	通过对词汇的反复读，加深学生对词汇读音的印象；通过小游戏锻炼学生对新句型的运用，考验学生对新句型的掌握程度。

续表

教学环节	教师活动	学生活动	设计意图
Step Four: Summary	1.New words: tall, short, fat, thin 2.New sentence pattern: It's so…	学生举手主动进行汇报总结。	发挥学生主动性，对本节课所学进行总结和回顾，以便学生课下复习。
Step Five: Homework	Describe your home with new words and sentence patterns.	学生积极完成作业。	通过对家庭的描述巩固学生在本节课中所学的新知识，使家庭作业更具趣味性的同时增进学生对家的情感。

板书设计：

Unit 3　At the zoo

Let's learn

tall	short	fat	thin
高的	矮的；短的	胖的	瘦的

It's so…

（七）练习与课外学习设计

导学案

Unit 2　At the zoo　Let's learn

课型：新授课　讲学时间：1课时

【学习目标】

1．掌握"It's so..."句型的使用规则。

2．掌握单词 tall，short，fat，thin 的认读。

【重点】

1．掌握单词 tall，short，fat，thin 的认读。

2．通过学习归纳总结"It's so..."句型的使用规则。

【难点】

通过学习归纳总结"It's so..."句型的使用规则。

【情感目标】

培养自主思考和小组合作的意识，提高对学习英语的热情。

【课堂探究】

（一）自主学习

1.根据课本的阅读，你认为这些句子分别对应哪些动物呢？

It's so tall.	Elephant
It's so short.	Giraffe
It's so fat.	Bear
It's so thin.	Monkey

2.你知道这些词汇都是什么意思吗？

tall　　　　short　　　　fat　　　　thin

（二）合作探究

1. 你怎么理解"It's so tall"这句话呢？

2. "It's so..."是什么意思？该如何使用呢？

3. 试着用"It's so..."句型来解释你选择这个动物的原因。

（三）组内展示

向组员分享你想要引进的小动物，并用"It's so..."来解释自己想要引进这个小动物的原因。

（四）自我总结

小组讨论并总结本课的知识点。

通过今天的学习，我学会了_____。

存在的困惑_____。

（八）学习反馈设计

课前：教师提供导学案给学生，让学生根据本节课的学习目标合理安排预习计划，并完成导学案的"自主预习"部分，教师根据学生该部分的完成情况初步判断学生对知识点的掌握程度。

课中：教师根据学生自主思考所得词义的准确度和小组探究所得的句型使用情况适当调整教学策略，给予学生合理的学习引导，通过各项小游戏巩固、提升所学知识；最后的学生自我总结环节也是学生学习情况的重要反馈。

课后：根据学生的趣味作业完成情况了解学生对本节课知识点的掌握程度，以能初步认读单词 tall，short，fat，thin，能掌握"It's so..."句型的使用规则为指导方向，对部分学生进行因材施教。

二、教与学的实际过程描述

本堂课采用激趣式拓展课堂教学模式，通过创设情境，结合能激发学生学习热情的多种活动形式，引导学生进行启发式学习、自主学习以及合作学习。

课前环节：教师提供导学案给学生，指导学生进行课前预习和自主学习。学生根据导学案所提供的练习完成自主学习，为新课的学习做好准备。

课中环节：

1.教师通过对自己"兄弟"的介绍引出"tall，short，fat，thin"的教学，引导学生初步感知新词汇的词义。

2.通过"模仿"小游戏感知句子所要表达的意思，学生进一步理解词义，自主思考尝试得出正确词义，提高学生的词汇感知能力。通过角色模仿的形式开展小组合作探究，在教师的引导下学生自主总结归纳出"It's so…"句型的正确用法，并尝试使用该句型来解释自己想要引进这个小动物的原因。

3.通过两个小游戏巩固本节课学习的新知识，深化学生认读词汇、使用句型的能力。

课后环节：教师布置用新学的知识描述家中情况的趣味作业，巩固和提高学生在本节课中所学的新知识，使家庭作业更具趣味性的同时增进学生对家的情感。

三、学生学习效果

课前，学生能够按照导学案的要求进行自主预习，为新授课打下良好基础。在课中，学生能够紧跟课堂节奏，积极参与到各项小游戏中来，在教师的引导下通过自主思考和合作探究以及应用练习中初步理解单词 tall，short，fat，thin 的认读，归纳总结出"It's so…"句型的使用规则。课后积极完成家庭作业，作业反馈情况良好，个别学生尚有不足，在经过一系列训练后也得到积极的反馈。

四、教学反思

本课时主要学习 tall，short，fat，thin 的认读和"It's so…"句型的使用。

本节课以提高学生认读词汇、使用句型的能力为目标，创设了动物园这个情景，让学生回顾旧知、启发新知，又融入了教师介绍家庭、"开火车""击鼓传花"等学生喜闻乐见的小游戏，引导学生进行启发式学习、自主学习以及合作学习。自主学习、自主思考拓展了学生的思维能力，小组合作培养了学生的探究意识，让学生在轻松愉快的氛围中逐步达到学习目标，体验成功的感觉，既提高了学生的综合学习能力，又激发了学生的学习动机。最后通过学生的自主总结考察了学生的学习情况，锻炼了学生的总结归纳能力，让学生真正成为学习的"主人"。主要从以下三方面着手：

（一）注意教学安排的层次性

本节课以一段动物园的小视频拉开序幕，既营造了轻松愉悦的学习氛围，又复习了相关的动物词汇，为新授课做好了准备。再通过教师介绍"兄弟""行为模仿""角色扮演"三个活动让学生经历感知、思考、探究的过程，学会新词汇的认读并自主归纳总结出"It's so..."句型的使用规则，锻炼了学生的思考、探究能力。接下来再利用"开火车""击鼓传花"活动进一步加强学生对新知识的理解和运用，深化学生的词感和语感，增加学生对英语学习的兴趣。本节课所设计的各项活动目的明确、难度合理有梯度，让学生高效率学习。

（二）理解学习兴趣的重要性

我国小学英语学习中最重要的是激发和培养学生的学习兴趣，使学生对英语学习产生兴趣。[①]对于三年级学生而言，有意识地培养学生学习英语的兴趣更是教学的首要任务。因此在本节课中，我们设计了许多趣味活动去激发学生的学习兴趣，首先教师利用情景的创设让学生仿佛置身于动物园为导入，带动课堂气氛；其次通过教师介绍"兄弟"，抓住学生的注意力，"动作模仿""角色扮演"三个趣味活动让学生在轻松愉快的气氛中感受英语学习的丰富多彩；最后通过"开火车""击鼓传花"活动，巩固知

[①] 杨惠媛. 小学英语课堂的趣味性教学探微 [J]. 才智，2018（10）：21.

识的同时让学生获得英语学习的成功体验。

（三）突出学习主体的自主性

指导学生通过感知、思考、探究，学会新词汇的认读，让学生学会用联想、猜测来理解词汇的意思，同时引导学生自主归纳总结出"It's so…"句型的使用规则，提高学生的探究能力和学生的英语语感，通过这些突出了学生的主体地位，培养了学生的英语自学能力。

第三节　在欣赏中激趣

在教学过程中，仅仅让学生掌握学科知识是远远不够的，能够利用"欣赏"感受到知识背后所蕴含的情怀、艺术、品质等，也应是教师引导学生去重点学习的方向。因为只有让学生把学科当做一门艺术来欣赏，将学习转化成一件富有情趣的事情，才能在学习过程中感受到学科知识的丰富性和趣味性，从而激发学生对学习的兴趣，积极主动地去理解、拓展知识的广度和深度，达到融会贯通乃至创新的目标。

一、教学设计

（一）教学理念

散文教学在七年级语文教学中占据了重要的一部分。一方面，该学段的学生在语言应用能力和语感方面都还处在需要提高的阶段；另一方面，了解常用的修辞方法，体会它们在课文中的表达效果是七年级学生的重要学习内容。《义务教育语文课程标准（2011年版）》中明确指出，学习内容应根据语文运用的实际需要，从所遇到的具体语言实例出发进行指导和点拨。而借助赏析写景散文中精彩的修辞实例，不仅能提高学生对修辞手法在写景文章中表达效果的品位，启发学生勤用修辞、善用修辞，而且能培养学生的语言应用能力和良好的语感。因此在本次教学过程中，重点关注学生从修辞的角度去赏析散文中所描写的景物和所表达的感情。

（二）教学目标分析

1. 通过赏析文章中景物描写片段，感受修辞手法在景物描写中的表达效果。

2. 通过欣赏、模仿等方式提高比喻、拟人手法的应用能力。

（三）学习者特征分析

从身心发展特点上看，七年级学生的认知水平尚处于发展阶段：注意力的持久性较差，容易走神；思维的活跃度高，自主意识较强；语言想象能力较欠缺；对课堂形式的关注高于课堂学习内容。因此，在教学设计时应注意创设教学情境，利用多样化的呈现形式去帮助学生理解课文。

《济南的冬天》一文的生字词不多，学生读通课文不成问题。在小学阶段对阅读能力的长期锻炼，学生已经能够自主从课文中获取一些简单信息，这为学生分析课文的景物描写提供了坚实的基础。但要想深入分析文章中所包含的情感，还需要一定的引导。因此，在教学过程中要注意内容的递进性。

（四）教材与学习资源分析

本次学习内容为人教版初中一年级上册第一单元第二课《济南的冬天》。这是一篇充满诗情画意的散文，老舍先生紧紧地抓住了济南冬天"温晴"的这一特点，对济南的山、水进行了重点描写，叙述出一幅济南特有的动人的冬景。本课是一篇写景抒情的散文，作者用文字赋予了景物生命与感情，融入了自己的感情和意志，寓情于景，情景交融，抒发了对故乡、对祖国的赞美与热爱。本课是初中教材中一篇典型的写景文章，旨在引导学生学会赏析各种艺术手法的表达效果，对学生的文学联想能力、品鉴能力等进行启迪。其中，作者在对山、水的描写上所用笔墨是最多也是最精妙的，是作为鉴赏训练素材的最佳选择。此外，学会品鉴文章的同时更要借助品味文学大师的经典作品来帮助自己提升文学能力，这也是学习本节课重要的学习目标之一。因此，本节课将借助文章中对山、水的描写，引导学生赏析文章并设置为教学重点，通过欣赏、模仿等方式提高学生对比喻、拟人手法的应用能力并设置为教学难点。

（五）教学模式与策略设计

教学模式：遵循"先学后教，以学定教"的理念，结合学生的心理特点及语文教学特征，课前布置学生自读课文，借助欣赏相关的视频来自行理解文章，在第二天的教学活动中安排学生欣赏相关歌曲进一步引领学生走进情境，在通过自主欣赏、合作共赏两个环节让学生由浅入深地理解比喻、拟人在这篇文章中的表达效果，感受作者对大好山河的情感，从而更好地进行下一个环节中对学生应用能力的考验，提升学生的语言应用能力。

教学方法：利用自主欣赏、合作共赏引导学生学会品味文章，使其积极参与文本分析，理解比喻、拟人在借景抒情中的重要作用；再利用自主创作和作品共赏来提高学生对修辞手法的应用意识，培养学生的语言表达能力。

学习情境创设：在课前自主观看一段济南的冬天相关视频，结合视频内容预习文章；在课前导入环节聆听《我爱你，塞北的冬天》，教师与学生共同欣赏其中展现的冬天之美；将文章写景描写的赏析结合图片的滚动播放，引导学生感受济南冬天的温情，帮助学生突破情感理解障碍。

（六）教学活动过程设计

教学环节	教师活动	学生活动	教学目的
课前	1.布置预习作业 （1）自读课文 （2）画出文章中自己喜欢的句子 2.发送《济南的冬天》相关视频	1.通过观看视频，品味《济南的冬天》 2.自主扫清文章中不易读的字，能够概括文章主要内容	结合视频的观看，不仅让学生更好地在预习阶段了解文章大概内容，提高预习效率，同时也提高了学生对济南冬天的向往，培养学生的学习热情，使课堂教学的实施更加顺利

续表

教学环节		教师活动	学生活动	教学目的
课中	声临其境，走进课堂	1. 播放《我爱你，塞北的冬天》 2. 邀请学生分享自己听完之后的感受 3. 揭示课题《济南的冬天》，并引导关注文章中描写冬天景物的段落	1. 聆听音乐，感受音乐中的情感 2. 举手发言：你在音乐中看到了什么？感受到了什么？	运用音乐导入，与课前预习中的视频内容相互呼应，再次激起学生学习的兴趣，同时为学生创设一个良好的文章理解氛围，帮助学生更好地走进课堂也走进文章，为下面的文章赏析打下基础
	整体欣赏，自主思考	1. 默读文章，分别画出文章中描写山和水的段落 2. 你感觉到文章中的冬天是一个怎么样的冬天？你能用一个词来概括一下吗？	1. 默读文章，疏通文章结构，理清文章中的情感表达 2. 阅读完毕自主思考教师所提出的问题，完成任务	这一环节主要是学生对文章的自主品鉴，独立理清文章的脉络，能够帮助学生提高阅读文章的能力，同时让学生将注意力转移到文章中山和水的描写中来，为下文的修辞赏析做铺垫

续表

教学环节	教师活动	学生活动	教学目的
课中	合作探究，共赏美句	1. 小组合作，细品文章中描写山和水的段落，讨论一下这些段落在描写山水时运用哪些修辞手法？画出写得好的句子，说说作者是如何运用修辞手法的？表达了作者怎样的思想感情？ 2. 适时参与学生讨论，在有需要的时候为学生提供景物的图片供学生欣赏，起到引导学生突破思维和空间的限制的作用。 3. 邀请学生代表小组上台来做"小老师"，向全班同学汇报讨论结果，并对错误的答案进行纠正与补充。	1. 阅读文章，欣赏图片 2. 小组内分享自己的看法，相互讨论，总结经讨论而得的结果，由组长负责组织和记录。 3. 踊跃举手发言，到台上来充当"小老师"。 4. 认真聆听台上"小老师"的发言，适时提出质疑，并做好笔记。	这一环节紧紧扣住了山和水的描写，从修辞手法的角度出发，在欣赏和品味中鼓励学生通过合作探究寻找知识、理解知识，充分体现出了学生的主体性，让学生在欣赏中体验成功的快乐。不仅提高学生的参与意识，培养学生的合作探究能力，还提升了学生的思维空间和文学素养，激发学生学习的热情。

续表

教学环节	教师活动	学生活动	教学目的
课中	模仿学习，共享佳作	1. 结合刚才的学习，以老舍先生的佳句为范例，写一段100字左右的景物描写来表达自己对家乡的热爱，要求一定要用到比喻、拟人 2. 组内相互欣赏组员的作品，并推荐一位最优秀的作品上台展示，分享给全班同学欣赏。	1. 根据老师要求完成作品 2. 组内共赏作品，推荐最优秀的作品供全班学习、欣赏	欣赏老舍的作品就是给了学生很好的学习榜样，学生会在实际的操作中感受修辞手法的奇妙作用，拓宽学生的想象空间，培养学生的创新思维能力，培养学生热爱祖国河山的感情以及审美能力。
课后	作业布置	欣赏老师给你们提供的关于人物描写的优美段落，思考如何将修辞手法更巧妙地运用到人物描写中？	阅读书籍，查阅资料，仔细思考，完成作业。	既回顾了本堂课所学知识，还拓展了学生的课外阅读量，将写作方法延伸至其他方面，培养学生独立思考的能力。

（七）练习与课外学习设计

课中：

1. 画出文章中描写山和水的段落，用一个词概括济南的冬天。

2. 画出写得好的句子，说说作者是如何运用修辞手法的？

3. 表达了作者怎样的思想感情？

课后：

思考：如何将修辞手法更巧妙地运用到人物描写中？

（八）学习评价设计

课上的自主思考、合作共赏、模仿练习——他人评价与自我评价相结合。借助多种教学活动，激发学生参与课堂的热情。通过实战练习展示自己在对文章的一番赏析和学习以后的成果，引导学生在日常写作中要多应用修辞手法为自己的表达增添色彩。

课下练习——借助教师提供的关于人物描写的优美段落，思考使用修辞手法的更多可能。旨在引导学生发散思维，将修辞手法以相似的方式应用到人物描写之中，进而为下一次修辞手法的讲解做准备。

二、教与学的实际过程描述

遵循拓展课堂的教学理念，按照激趣教学的基本方法，本课例教学实施的实际过程包括以下教学流程。

课前：布置预习作业，发送《济南的冬天》相关视频。学生通过观看视频与自读课文，疏通文章脉络。在欣赏视频的过程中，让学生拥有情景代入感，让课前预习更有效率。

课中：首先以《我爱你，塞北的冬天》作为开场，呼应课前预习的内容，为学生创设一个良好的文章理解情境，激发学生对于济南冬天的美好向往，调动课堂积极性，为下面的文章赏析打下基础。其次，通过"整体欣赏，自主思考"环节，带领学生整体上分析一遍文章，奠定全文情感基础，旨在锻炼学生独立思考、自主阅读的能力，同时引导学生将目光聚焦到山和水的景物描写上，为下一步的文章分析做铺垫。接下来是"合作探究，共赏美句"，这一环节结合语言欣赏和图片欣赏，在这个过程中教师起到了引导的作用，而更多的是学生在自主操作，有不懂的向教师提问。经过一番讨论后教师邀请学生上台来展示自己小组的成果，每组都派出了代表来分享，讨论的质量很高，教师又做了一定的补充。最后是"模仿学习，共享佳作"，该环节重在实战操作，学生在完成作品后先是在小组内分享，随后又在全班范围分享，相互学习，相互借鉴，学生们都积极参与。

课后：学生借助教师提供的资料自行展开学习，思考如何将修辞手法更巧妙地运用到人物描写中，属于开放性作业，既拓展了学生的阅读面，又拓展了学生的自主学习能力。

三、学生学习成果

在赏析文章的环节，学生们积极参与，讨论热烈，能很好地赏析文章中描写山和水的片段，感受到《济南的冬天》一文中的表达效果，从而领悟老舍先生在文章中所要表达的浓烈的热爱和自豪之情。而在模仿佳作阶段，学生们仍然无法做到灵活运用修辞手法，但从学生们所表达的文字中也可以看见相对之前的表达是有明显提高的。

四、教学反思

因为学生的文学表达能力尚处于发展阶段，该学段的学生在表达自己的个人意志方面的能力还较生硬，难以做到灵动。而文学作品是人的意志的集中体现，对个人的文学素养和审美能力有较高的要求，要想该学段的学生能够在表达能力上有所提升，在实际教学中最忌讳的就是限制学生的思维发挥。将一篇需要大家共同赏析、思维碰撞的文章教学课堂变成由教师在讲台上统一给学生灌输答案，这样的语文教学是失败的，与文学赏析的标准相悖。因此在本课教学中，我们尤其注意学生在课堂上的自我表达，给予学生主体地位充分的展示。无论是让学生自主思考，小组合作探讨，还是让学生实战然后相互评价，都是利用欣赏拓展资料作为媒介让学生在欣赏中探寻文学中的美妙，在表达中不断进步，最终体验到成功的快乐，从而激发他们的学习动机，培育他们的语文学科素养。

第四节　在实践中激趣

在提倡综合素质的时代下，实践是实现学生综合能力提升的主要途径之一，深受学生喜爱。因此教师可以根据学生的认知规律联系实际，依据学科知识的特点搭配合理的实践活动,适当引导他们动手操作、动脑思考,吸引学生主动参与到课堂学习中来,感受学习的乐趣。从而调动学生的学习主动性,激发学生的学习动机,提高课堂教学的趣味性和实效性。

一、教学设计

(一)设计理念

本案例在设计之初便考虑怎样才能充分利用激趣式教学手段,将学生的实践能力的培养与语文学习相结合,使之既体现语文拓展课堂的教学特点,又不失语文教学本色。因此,我们采用基于激趣教学模式,应用识图、朗读、讨论、绘画的形式开展一节语文综合实践课,让学生在具体实践中感受到一年四季中的奇妙变化,培养学生对大自然的热爱并提高学生各方面的实践能力。

(二)教学目标分析

1. 知识与技能目标

能够有感情地朗读课文;了解四季的组成、四季的特征。

2. 过程与方法目标

在教师的引导下自主思考,领会各部分的朗读情感;通过合作讨论拓展对四季的认知;通过讨论、绘画等活动锻炼学生的实践能力。

3. 情感态度与价值观目标

培养合作参与意识;培养语文学习的热情;培养热爱大自然、热爱四季的情感。

(三)学习者特征分析

在识字方面,在上一节课中学生已经学习了本课的生字,在识字上已经得到突破,为接下来的朗读学习奠定了基础。在情感朗读方面,该学段的学生受过的朗读训练比较少,缺乏相关的情感体验,教师在指导学生情感朗读时要注意文章情感的解剖,着重关注学生的情感体验。在自主学习方面，学生主动性强，学习热情高，但学生的认知能力尚待发展，教师要偏重于对学生的能力训练，控制好探究环节的学习任务难度。

（四）教材与学习资源分析

《四季》是人教版语文一年级上册第四课的教学篇目。课文采用拟人、排比等手法，对春天的草芽、夏天的青蛙、秋天的麦穗以及冬天的雪人进行形象化的描写，以此向学生展示四季的美丽，表现出了四季的鲜明特征，使之成为一首富有童稚情趣与文学色彩的儿童诗。课文整体节奏鲜明，语言生动，表达了作者对四季的喜爱之情，是锻炼低年级学生情感朗读的优质篇目。因此，在设计本课教学时，教师将引导学生情感朗读设置为本节课的教学难点。

语文课程是实践性课程，应着重培养学生的语文实践能力，其中，信息处理能力、联想能力、观察能力等实践能力都是提高学生语文素养的关键。因此，通过讨论、绘画等活动锻炼学生的实践能力，被设置为本节课的教学重点。

（五）教学模式与策略设计

本案例主要采用基于实践活动的激趣式教学模式，将多种实践活动融入语文教学课堂，让实践为语文教学增色，为学生语文素养的培育奠基。

课前教师布置预习作业，要求学生收集能代表四季特征的事物信息；学生通过自主回忆、询问家长等方式完成收集信息任务。课上利用图片导入，通过对夏天与冬天的辨别引进本课的主题——认识四季。在具体教学过程中通过学生齐读、教师范读、分角色读等教学方法进行朗读教学，通过小组讨论、绘画等方式进一步锻炼学生的实践能力，让学生在实践中提高语文素养。

（六）教学活动过程设计

教学环节	教师活动	学生活动	教学目的
课前	1. 推送课文视频并布置预习作业：自己试着有感情地朗读一遍课文 2. 四季有哪些特征？你能找出哪些能够代表四季的事物？	1. 复习上节课学习的生字，模仿视频的语调读一遍课文。 2. 通过回忆生活经验、询问父母等方式找出能代表四季的事物。	让学生提前预习一遍情感朗读，为课堂教学做准备；让学生尝试自主搜集信息，同时初步了解四季的特征。
课中 图片设疑，开启课堂	1. 用多媒体展示两幅图片——穿着短袖的人和穿着羽绒服的人，提问学生：你们能猜出这两个人分别生活在什么季节吗？ 2. 引导学生回答夏天和冬天的温度不同。 3. 除了温度的不同，四季还有许多不同，揭示课题《四季》。	观察图片，举手回答。	运用图片设问导入，引起学生思考，将学生的注意力集中在课堂中，同时通过夏天和冬天存在温度差异这一常识引出本课的主题。既锻炼了学生的思维能力，也拉近了语文与生活的距离。

续表

教学环节		教师活动	学生活动	教学目的
换位思考，乐于朗读		1. 齐读第一段，自主思考为什么草芽对小鸟说它是春天？此时草芽的心情如何？ 2. 总结课文中春天的特征和草芽的心情。 3. 第二、三、四段教学方法参考第一段。 4. 根据总结出来的景物心情范读一遍课文给学生听。 5. 学生分成四组，每组代表一个季节，分角色朗读。	1. 齐读并自主思考问题。 2. 做笔记并通过感受景物的心情思考课文朗读的情感。 3. 倾听教师的朗读。 4. 分角色朗读。	这一环节通过学生的自主分析，让学生在了解四季特征的同时感受课文的情感，既锻炼了学生自主思考的能力，也培养了学生对大自然的热爱。同时，递进式的朗读训练也提高了学生对语言的敏感度和对生活的感知能力。最后的分角色朗读为该环节增加趣味性。
趣味分享，挑战合作		1. 小组合作，分享自己在课前搜集的能够代表四季的事物，没分享的组员则帮助判断该组员寻找的事物是否与该季节匹配。 2. 及时发现学生在合作中产生的问题，组织和指导学生展开合作讨论。 3. 统计每个组的讨论结果，奖励在该环节中表现最好的小组。	1. 小组内分享自己的看法，相互讨论，总结经讨论而得的结果。 2. 组长安排人员记录讨论成果。 3. 踊跃举手发言，到台上来分享小组成果。 4. 认真聆听台上同学发言，适时提出质疑。	这一环节重在鼓励学生参与讨论，规范学生的小组合作习惯，且让学生经历筛选、整理和表达的实践过程，培养了学生的合作意识和数据收集整理能力。又利用奖励环节继续刺激学生的学习动机。

续表

教学环节		教师活动	学生活动	教学目的
	描画四季，敢于表达	1. 利用刚才所了解的四季的特征，用手中彩笔为你喜欢的季节画一幅图画。 2. 组内相互欣赏组员的作品，说说为什么自己要这样画，并选一位组员上台展示，表达心中所想。	1. 根据老师要求完成作品。 2. 组内分享作品，推荐组员上台展示自我。	该环节属于总结练习环节，通过让学生用彩笔结合所学知识画出心中所想，在验收、巩固学生的学习成果的同时不仅能培养学生的想象能力、应用能力，还能锻炼学生的口头表达能力，为接下来的图文写作打下基础。
课后	作业布置	1. 将课上所画的作品送给父母，感谢父母一年四季的辛苦付出。 2. 将《四季》有感情地朗读给父母听。	认真完成作业。	既回顾了本堂课所学知识，加深学生对知识的理解，还对学生进行了感恩教育。

（七）练习与课外学习设计

课中：教师让学生自主思考"为什么草芽对小鸟说它是春天""此时草芽的心情如何"一系列问题，为学生学会运用情感朗读做铺垫，而数据收集、课堂作画等环节又为学生提供实践机会，培养学生各方面的实践能力。

课后：《四季》表达了作者对大自然的喜爱，而从四季又可让人联想到时间的跨度，因此，教师选择以学生利用赠送作品和朗读课文两个活动去感恩父母的形式回顾知识，同时还能启发学生联想能力，深化学生情感教育，从人才的培养角度看，十分有意义。

（八）学习评价设计

课前预习作业：一是要求学生复习上节课学习过的生字，并自己尝试有情感地朗读一次，旨在检验学生目前的朗读情况，初步感受作者想要传递的感情，为接下来的教学做准备；二是让学生自主搜集能够代表四季的事物，让学生尝试进行信息处理的第一步搜集。

课堂练习：自主思考、朗诵、合作和绘画。比如，学生分角色朗读课文，小组讨论，总结有哪些可以代表四季的事物，通过让学生为自己喜欢的季节作画等，了解学生对四季特征的认知情况。

课后练习：赠送画作和表演朗读。感恩教育是小学语文课程中非常重要的内容，在经过前面一系列的朗诵训练和实践训练之后，学生已经基本完成了本节课的教学要求。而本次的作业将作为课堂内容的回顾和延伸，于是确定了让学生利用课堂所学对父母表示感谢，这对学生人格的培养是大有裨益的。

二、教与学的实际过程描述

本案例在实际教学中紧紧抓住激趣教学的特点，将情感体验和实践操作贯穿于课堂教学中，使学生愿意了解四季，发现四季的特征，探索四季的奥秘。

课前，学生先是复习了上节课所学的生字，扫清阅读障碍后自主尝试一次情感朗读，初步感受课文中所蕴含的情感，随后学生开始收集能代表四季的事物，为接下来的教学做准备。

课中，教学实际过程主要分为三大部分进行，导入部分、朗读教学部分与实践教学部分。首先，教师先展示了两张图片让学生判断图片中的人分别处于什么季节？在学生和教师的互动中总结出夏天与冬天的温度存在差异，由此引出本节课的主题。其次，让学生带着"为什么草芽对小鸟说它是春天""此时草芽的心情如何"的疑问进行第一次朗读。之后师生共同总结得出春天的特征和草芽的心情。依此教学方法，陆续总结出了四季景物的情感，此时教师再结合课文的情感纠正学生在朗读时出现的错误，为学生范读一遍，强化学生记忆。最后就是学生分角色进行朗读，对学生的情感朗读再一次进行训练。

再者，让学生以总结能够代表四季的事物为目的，让学生尝试展开分享和讨论。在讨论过程中，会有小组遇到问题和障碍，则教师会给予帮助，让学生在不断的尝试中学会分享、学会与人合作、学会探索问题。随后，小组中负责汇报讨论结果的人依次上台展示讨论结果，教师则在台下适时进行补充说明，鼓励学生。讨论环节结束就是绘画环节，学生们用自己手中的彩色笔结合刚才所学画出了自己喜欢的季节，并与小组成员介绍自己的画作，与全班同学分享。

三、学生学习成果

在一次次朗读和思考中，学生一步步走进了课文，对课文情感的理解越来越清晰，探索四季特征的兴趣越来越高涨，朗读的感情也越来越充沛饱满。在合作讨论中，学生尝试到了团队合作的滋味，从一开始的不知所措到后来自信大方地与组员交谈，学生的表达愈发清晰，参与意识愈发强烈，实践能力也在无形之中得到了提高。在绘画环节中，学生将所学付于笔上，将所感付于言语中，展现出了学生对四季、对大自然的爱。课后作业既让学生的情感得到抒发，也让知识得到了巩固。

四、教学反思

《四季》是一篇与生活、自然联系非常紧密的童诗，极富童趣，朗朗上口。如果可以结合其他写季节的童诗一起赏析，课堂内容会更加丰富一些。

在这节课中，我们更注重通过实践对学生的能力进行培养，例如学生的自主思考能力、合作能力、应用能力，甚至是"爱"的能力，这些都是需要教师从低年级阶段开始就向学生传授的，是学生学习语文的基础，也是培养健康人格的基础，而学生也对实践环节很感兴趣。

第五章　互动教学模式及经典案例

第一节　互动教学模式

根据拓展式教学的特点,在具体教学中分别可以运用问题、导向、激趣、互动、活动等模式。其中,运用互动教学模式组织教学,可以让学生在课堂中认知与领悟、思考与拓展、表达与创新,从而收获知识、培养能力。因此,在这章中将以《老人与海》《春》《我国的行政区划》为例分析互动教学模式。

一、互动教学模式概述

（一）基本内涵

1. 定义

互动教学模式,是教师根据学生的心理特点和已有的知识水平,结合拓展式教学的特点,选择合适的教学策略和教学材料创设情境激发学生的学习兴趣,以互动的形式引导学生自主探究,从中获得知识,并对知识进行建构和内化,从而拓展学生的思维能力,培养学生独立思考能力的一种教学模式。互动教学模式是要求师生之间通过不断的双向交流互动,共同探究知识、完成教学任务,优化学习效果。

2. 特征

互动教学模式强调的是教师以互动的形式进行教学,起到引导的作用,调动学生自主探究、独立思考的积极性,让学生自己去发现问题、分析问题、解决问题，在这过程中获得知识并形成自主探究的能力。因此，互动教学的主要特征是以学生为主体、注重学习的自主性；重视引导学生进行独立思考；强调学生对知识的建构和内化。

（二）基本原则

1. 趣味互动原则

兴趣是学习的动力，课堂上只有提高学生的学习兴趣，才能够让学生关注到课堂、参与到课堂学习中来。教师面对教学任务时，应该根据学生的心理特点，丰富和选择教学材料，以更具有趣味性的互动方式进行教学活动，提高教学的吸引力，让学生在课堂上感受到乐趣，在教师教学中收获知识，从而培养学生自主学习的兴趣，增加师生情感。

2. 合作探究原则

合作的碰撞有利于全面客观地看待问题、解决问题。课堂上，学生以异质小组为单位，通过合作的方式相互讨论、相互启发，共同探究问题得出小组结论，完成学习任务。教师从中通过交流互动指引和点拨学生，调整学生探究问题的方向，帮助学生在探究的过程中理解知识，有效地提高了课堂教学的效率，培养学生独立思考、自主探究的能力。

3. 迁移应用原则

教育不是单纯地"灌输"给学生知识，更是要培养他们在学习上、工作上、生活上运用知识的能力。教师在课堂上应该在学生学习新知识后，创造一个新的情境用来考查学生对知识的理解以及应用能力，有利于学生加深记忆和巩固知识，锻炼学生的应用能力。通过对学生的考查，教师能够及时了解自己的教学效果以及学生学习情况，有针对性地调整教学内容、改进教学。

二、互动教学模式基本环节

互动教学模式主要由四个横向维度和教师的教学流程、学生的学习活动两个纵向维度交互构成。教师根据教学任务，结合学情，选择合适的教学材料，互动引导学生独立思考、自主探究。互动教学模式如下图所示。

	整体感知	细化感悟	深入探讨	升华拓展
学习活动	自主学习 提出问题	明确任务 自主探究	合作探究 多元理解	分享展示 点评交流
教学流程	根据学情 布置任务	感受领悟 独立思考	小组探究 交流讨论	总结归纳 升华拓展

互动教学模式

1. 整体感知

学生处于主体地位，在教学中为了让学生自主思考，提高学生的学习兴趣，教师应该根据教学内容和教学材料，结合学生已有的生活经验和心理特点创设情境以及布置学习任务，提高教学的效率。在学生完成学习任务的过程中，学生对课堂教学的主要内容有初步的认识和理解，并提出自己在学习过程中存在的疑问，完成自主学习的任务，提高学生学习的自信心。

在这一环节中，教师的教学流程主要是根据学生的生活实际和心理特点，通过播放视频、展示图片、展示实物、组织小表演等多种方式创设合适的教学情境，提高学生的学习兴趣。根据教学目标和任务，教师通过互动布置学习任务，引导学生理解和感知课堂的主要教学内容，控制教学的方向和进度。学生的学习活动主要表现为根据教师布置的学习任务，解决课堂教学内容的基本问题，初步地认识和理解课堂的教学内容，并提出在学习过程中发现的问题，供自身和其他学生思考。

2. 细化感悟

根据上一环节学生提出在完成学习任务时存在的疑问，教师调整教学内容，以互动的形式引导师生共同探讨学生对课堂教学内容存在的疑问，真正做到以学定教，提高学生的课堂参与度。教师与学生通过互动探讨，分析问题，解决学生的疑问，锻炼学生的思考推理能力和语言组织能力。

在这一环节中，教师根据学生的疑问推送相关的文本资料或视频、音频资料，引导学生对教学内容进行细化的思考。学生发表自己各自的感悟，教师一步一步引导学生分析其"细枝末节"，了解其中的深层含义。例如，在对文章语句情感的分析教学中，学生可以发表自己的感受来表达自己对语句情感的理解；可以通过朗读的方式来表达自己对语句情感的理解；或者通过对文章上下文的分析来表达自己对语句情感的理解。同时，教师在与学生探讨时要注意主题的贯穿性，引导和点评应该恰当及时，控制教学的进度。这样既有利于发挥学生的主体性，保持学生的课堂参与热情，也有利于教师观察和了解学生的学习情况，做到因材施教。

3. 深入探讨

这一环节是在上一环节的基础上更加深入地探讨课堂教学内容，也是教师解决教学重难点的环节。教师根据组间同质、组内异质的原则把学生划分成学习小组进行合作探讨，让学生在多人的思考、辩论中既全面客观地分析问题的本质，深化对课堂教学内容的理解和掌握，又从中了解自身学习存在的不足，学会向其他同学学习，接受他人意见，养成正确的学习方法和技巧以及尊重他人、向他人学习的优秀品质。

教师根据教学重难点提出深入的学习任务，组织学生合作交流、深入探讨。在这一环节中，发挥学生的自主性，学生以小组为单位相互探讨、启发，通过发言、质疑、补充得出小组的结论，完成学习任务。教师从旁进行交流指导和互动点拨，既启发学生对学习问题的思考，帮助学生更好地分析问题，又控制学生探讨的方向，掌控课堂纪律、教学进度。让学生在思维的碰撞中建构和内化知识，培养学生合作探究和解决问题的能力。

4. 升华拓展

紧接上一环节，学生小组推选代表展示小组的结果，其他小组成员可以进行质疑和补充，教师对此进行点评和总结，从而检测学生对知识的掌握情况以及运用能力。教师与学生以互动的形式来梳理课堂的教学内容，列出思维导图，加深和巩固学生对知识的记忆，并且教师对课堂教学内容进行总结后，联系学生的生活实际对主题进行升华及拓展，帮助学生培养良好的行为习惯，培养学生迁移应用的能力。

因此，在这一环节中，学生可以利用多种形式展示自己小组的结论。例如，在认识我国的行政区划教学中，学生可以通过背口诀的方式来记忆我国的行政区划；可以通过省会美食特色来记忆我国的行政区划；或者通过拼图的方式来记忆我国的行政区划等。教师与学生都可以评价小组展示的各种结果的优缺点，借此提高未发言学生的课堂参与度，培养学生的观察思考能力和逻辑推理能力。教师根据学生的心理特点对教学内容进行趣味性的总结和拓展，可以进一步地提高学生对教学内容的理解以及升华学生的情感。

三、互动教学模式操作注意事项

（一）学生自主学习应引导

合理的学生自主学习是指在教师有意地引导下，学生根据学习任务积极主动地思考与学习，而不是让学生毫无头绪、漫无目的地去自学，这样不仅无法提高教学的质量和效率，而且还打压了学生的学习兴趣，把学生的自主学习环节变成大脑放空环节，这让教师质疑自主学习的作用，让学生厌烦自主学习。

因此，对于学生的自主学习，教师应该有意地指导学生，为学生提供自主学习的方向和内容。在互动教学过程中，教师应该根据教学任务和学生的学习情况，引导学生提出对课堂教学内容的疑问。结合学生的疑问有针对性地布置学习任务，教师引导学生根据学习任务有目的地对问题进行分析、思考、讨论，从中收获和建构知识，培养学生自主学习的方法。同时，教师在引导学生进行自主学习时，应该让学生在愉悦的学习氛围中完成学习任务，而不是生硬地下达学习任务。例如，教师可以通过播放视频来吸引学生的关注力，完成学习任务；也可以通过创设情境来布置学习任务；或者通过设下悬念的方式，吸引学生的好奇心，从而完成学习任务等。教师在引导学生进行自主学习时应该根据教学的重难点而有所侧重，而不是盲目地全让学生自己来自主学习，从而降低学生自主学习的效率，无视教学的实质，流于形式。

（二）学生合作探究要掌控

在教学中，学生进行合作探究能够通过思维的碰撞，更好地全面客观地分析探究问题，但也存在着一定的缺点。由于课堂教学的时间有限以及合作讨论时不可避免的争吵时间，导致在教师设定的合作探究时间内，学生难以得到充分地思考去完成学习任务。同时，由于学生不同的心理特点，他们思考问题的角度和方法可能完全不同，教师的点评要恰当并且以鼓励为主。

因此，在互动教学过程中，针对学生的合作探究，教师要提前做好充分的准备，掌控好教学的进度，提高合作探究的效率。对此，教师对于学生合作探究的学习任务应该是教学内容的核心，课堂上的学习任务不能过于繁杂，部分学习任务可以作为课后作业用来检测学生课堂上的学习情况。同时，面对组内成员不必要的争吵，教师可以提前让小组成员安排好各组员的探究任务以及小组总体探究的方向。在进行合作探究时，教师从旁进行指导和调控，让学生更有针对性地进行小组讨论，完成学习任务，从而提高小组讨论的效率。对于小组展示的成果，教师应该鼓励不同形式、不同角度小组成果的展示，只要总体思路是恰当的，就应该给予鼓励和表扬，主动挖掘学生的可能性，发挥学生的主体地位，尊重学生个性化的发展，激发学生的学习积极性。

第二节 认知与领悟

——以人教版高中语文必修3《老人与海》为例

教师运用拓展式互动教学模式组织教学，根据学生的心理特点和已有的知识水平，选择合适的教学策略和材料创设情境，激发学生的学习兴趣。教师以互动的形式引导学生对课文内容一步步进行深刻的认知，进而建构和内化知识。并且引导学生根据课文内容逐步地深刻领悟到课文的思想情感，丰富学生的心灵世界。

一、教学设计

（一）设计思想

为了探讨教师在教学中如何开掘学生的心灵深度，丰富学生的精神世界，本节将以人教版高中语文必修3《老人与海》为例，在学生已有知识结构的基础上运用互动教学模式组织语文教学，既充分体现拓展式教学的特点，又不失语文教学的特色。因此，本案例结合学生的生活实际创设情景，以学生的疑问为导向，让学生认知到作者在文章中运用的艺术手法，更深层次地领悟到作者倾注在文章中的思想情感，培养学生坚强乐观、顽强拼搏的生活态度。

（二）教学目标分析

1. 通过引导学生自主阅读梳理小说的脉络，并思考提炼出小说的主题，培养学生的阅读理解和独立思考能力。

2. 通过指导学生分析人物形象，理解内心独白对人物形象塑造的作用，学会赏析和运用反衬、内心独白等描写人物的艺术手法。

3. 联系生活实际，启发学习主人公桑地亚哥的顽强精神，培养学生直面困难、顽强拼搏的人生态度。

（三）学情分析

本案例学习者为经历9年语文学习，具有一定阅读理解能力和思考推理能力的高中二年级学生，他们对于文学作品的艺术手法有着一定基础的认识，能够初步地分析文学作品蕴含的主题。但是，高中语文课本中选文的篇幅较长，文字较多，高中学生对课文的阅读兴趣普遍不高，并且因为本课文选用的小说节选内容大多为单调枯燥的白描以及冗长的内心独白，所以学生更加缺少课文阅读的耐心和积极性。同时，由于经济和社会的发展，如今高中生大多为独生子女，备受宠爱，生活平淡顺利，没有面临过什么挫折，缺少生活经历，心理抗压能力低，也缺少对人生的深刻思考，对此类课文难以迅速产生共鸣。

因此，教师运用互动教学模式能够更好地对课文进行深入的教学。教师应该通过创设情境、师生互动激发学生学习的兴趣，引导学生通过自主学习作品的细节描写，掌握作品中的艺术手法；合作探究作者的思想情感，尝试结合自己的生活实际，更好地感悟作品所呈现的思想感情。

（四）教材与学习资源分析

《老人与海》是人教版普通高中课程标准实验教科书必修3第一单元（中外小说）的一篇自读课文。该单元既是学生对初中小说学习的连接和拓展，又是高中小说学习的基础和延伸，重点欣赏人物形象，品味小说语言。小说通过描述老人与鲨鱼搏斗的故事，塑造一个有着"硬汉"性格的主人公桑地亚哥形象，歌颂人类面对挫折坚强不屈、顽强拼搏的精神，引发读者对人生的思考。同时小说充满着象征的意味，如鲨鱼象征着挫折，桑地亚哥象征着人类战胜自我、抗争命运的精神。

因此，通过提供《老人与海》的小说文本梗概、作者和当时写作社会背景的资料以及与学生生活实际相关的视频资料，有助于学生在研习外国文学名著名篇时，了解其他国家和民族不同时期的社会文化面貌，感受人类精神世界的丰富，吸收人类思想文化的精华。

（五）教学模式与策略设计

教学方法：视频导入－师生互动－布置任务－自主探究－合作探讨－教师总结等教学方法有机结合的综合教学。

教学模式：拓展式互动教学模式，引导学生自主学习、独立思考。

本节课利用拓展式互动教学模式组织教学，教师结合学生的心理特点和已有知识结构，选择合适的教学方法引导学生进行自主探究、建构知识。学生在教师的引导下，对小说和课文进行整体感知。根据学生在学习过程中存在的疑问，师生以互动的形式共同探究，解决问题。针对教学的重难点，教师在课堂教学过程中组织学生进行小组合作探讨，并选择一位小组代表汇报小组结论。教师从旁调整学生小组探讨的方向，指导学生更好地分析问题和分享讨论，并组织语言得出结论。通过这一系列教学活动，培养学生阅读思考能力、思维推理能力和语言组织能力，加强学生对小说艺术手法的掌握和理解。

具体策略如下：

课前：教师结合课文内容和学生已有知识结构布置预习任务：学生通过阅读课文解决课文中生字词等基础问题，以及学生通过教师提供的课外阅读链接，收集作者和当时写作社会背景的资料，初步了解作者当时的生活背景和作者写作此篇小说的目的。

课中：首先，教师通过播放中国女排的精彩短视频展现"女排精神"，创设情境导入新课。结合学生课前的预习，让学生独立进行阅读、感受和理解课文，完成教师布置的课堂任务。其次，教师根据教学重难点布置探究任务，引导学生以小组为单位对课文进行合作讨论，探究课文深意。最后，教师点评学生小组汇报的结果，对课文进行板书总结与升华。

课后：布置开放型课后作业：探讨桑地亚哥与阿Q两个人物形象的区别以及小说《老人与海》读后感。

（六）教学活动过程设计

教学环节	教师活动	学生活动	组织形式
课前	1. 布置学生预习任务 2. 提供《老人与海》的课外阅读链接	1. 自主学习，完成预习任务 2. 收集《老人与海》作者和当时写作社会背景的资料	学生通过互联网完成预习任务

续表

教学环节	教师活动		学生活动	组织形式
课中	环节1：交流讨论，导入新课	1. 播放中国女排的精彩短视频 2. 创设情境，引导学生思考女排精神，导入新课	1. 观看视频 2. 思考发言	教师提出问题，学生思考发言
	环节2：整体感知，布置任务	1. 梳理课文内容 2. 梳理课文情节 3. 梳理课文结尾 4. 揭示性格特征	阅读思考，发言讨论	教师提出问题，梳理课文，学生自主学习，独立思考
	环节3：感受领悟，小组探究	1. 布置探究任务 2. 以组内异质、组间同质为原则，对学生分组	1. 确定任务 2. 阅读资料，思考探究	教师布置任务，学生思考探究
	环节4：小组讨论，汇报结果	1. 从旁指导，调整学生讨论主题 2. 用黑板记录学生代表发言结果	1. 小组派代表汇报结果 2. 对其他小组汇报内容进行质疑或补充	教师指导、统筹课堂，学生讨论分享、汇报倾听、质疑补充，思维碰撞
	环节5：升华主题，布置作业	1. 点评学生小组合作情况 2. 总结课文内容，升华课文主题 3. 布置开放型课后作业	观察思考，梳理总结	师生互动，总结升华

（七）练习与课外学习设计

具体课后作业设计如下：

1. 从小说《老人与海》中可以学到很多人生道理，请写一篇关于《老人与海》的读后感（500字左右），并与同学们分享一下。

2.海明威的《老人与海》中的主人公桑地亚哥从心里战胜自己和鲁迅的《阿 Q 正传》中的主人公阿 Q 的精神胜利法一样吗？

设计意图：高中的学习主要是引导学生对课文的自主理解和掌握，培养学生良好的行为习惯，养成正确的情感态度和人生观念。开放型课后作业，充分发挥学生的自主性。《老人与海》读后感有利于教师了解学生的学习情况以及帮助学生深入地阅读和理解小说《老人与海》。对比探究阅读有利于学生结合小说《阿 Q 正传》进行对比阅读和理解，拓展学生的知识面，锻炼学生的思考推理能力。

（八）学习评价设计

课前检测：教师点名向学生提出相关问题，检测学生预习作业的完成情况，根据学生的预习情况和学生提出的疑问，调整教学内容和学习任务，充分体现学生的主体地位。

课中反馈：师生以互动的形式，一步一步地深入阅读文本，在问题与任务中共同欣赏课文的人物形象，品味小说语言的独到之处，掌握小说的艺术手法，领悟小说情感。教师观察和记录学生的发言情况以及学习任务完成状况，体现过程性评价。

课后练习：开放型课后作业既是课堂教学的总结和巩固，又是学生自主学习的展现和考验。通过《老人与海》读后感和与《阿 Q 正传》的对比阅读，检测学生对《老人与海》知识的理解和主题的掌握，工具性和人文性相统一，完成总结性评价。

二、教与学的实际过程描述

《老人与海》这节课的具体教学过程，主要分为五个主要环节，分别为"交流讨论，导入新课"→"整体感知，布置任务"→"感受领悟，小组探究"→"小组讨论，汇报结果"→"升华主题，布置作业"。

环节一（交流讨论，导入新课）：教师通过中国女排的精彩短视频创设情境，引导学生思考女排精神的含义。通过女排精神联系到文章的主人公——拥有"硬汉"性格的桑地亚哥，从而导入新课《老人与海》。

环节二（整体感知，布置任务）：在教师的互动引导下，首先，学生根据教师的提问"小说的大概内容是什么？"运用自己的语言概括小说的主要内容以及课文的大意。其次，教师提出问题："课文总共描写了几次老人与鲨鱼的较量？分别是什么？""在五次较量中，老人分别用到了哪些武器？结果是什么？"让学生仔细阅读课文，利用表格的形式进一步地运用自己的语言梳理文章的细节。最后，在学生几次阅读课文的基础上，教师引导学生探讨主人公的性格特征和课文结尾的意义。

环节三（感受领悟，小组探究）：在这一环节中，教师初步总结小说内容，让学生加深对课文的感受和理解。接着教师根据教学重难点以及上面环节学生的学习情况布置小组学习任务：（1）分析刻画人物艺术手段；（2）理解重要语句的深层意思；（3）揭示小说作品的象征意义。

环节四（小组讨论，汇报结果）：在教师的从旁指导下，学生以小组为单位进行以确定问题－阅读资料－分析讨论－得出结论流程的讨论，并选派小组代表进行发言。例如，理解描写鲨鱼勇猛来衬托老人的刚毅顽强的反衬艺术手法；明白小说的核心精神，人的一生中总会面临一些挫折，这可能会造成生理上的死亡，但只要拥有坚强不屈、顽强拼搏的心灵，那么人类的精神永不消失；明白"老人"象征着"硬汉"，"大海"象征着"生命旅途"，"鲨鱼"象征着"挫折"。每组代表发言完毕后，其他小组同学均可进行补充或者质疑，更具生成性与参与性，锻炼学生的观察思考能力。

环节五（升华主题，布置作业）：首先，教师在学生小组汇报后分别进行点评，并对学生的普遍表现总结，提出意见；其次，教师对《老人与海》进行板书总结，帮助学生对课文知识进行梳理和内化，并点明和升华小说的主题，培养学生坚强乐观、顽强拼搏的生活态度，勇于迎接未来的挑战；最后，教师布置开放型课后作业，锻炼学生的想象力和自我学习能力。

三、学生学习成果

在教学过程中，在教师的引导下，通过师生互动，学生对课文进一步深入地阅读，能够很好地理解和掌握课文知识和内容。课中，学生能够清晰明了地回答教师的提问，运用简练清楚的语言填写梳理文章细节的表格，能够很好地掌握课文细节的知识和内容。在小组探究环节，学生能够积极地对探究任务进行讨论，并有效地得出符合课文的小组结论。面对小组代表的发言，其他小组同学进行质疑或补充，学生课堂参与度高，课堂气氛积极活跃。在课后作业的反馈中，学生对小说《老人与海》的读后感细节上各不相同，但面对桑地亚哥的精神都表示赞赏，并能结合自己的生活实际来反思自己。《老人与海》与《阿Q正传》的对比阅读中，大部分学生都能明白其中的区别，并运用自己的语言浅显地表达结论，学生对《老人与海》的理解和掌握较为扎实。

四、教学反思

《老人与海》属于一篇重点自读课文，小说塑造一个有着"硬汉"性格的主人公桑地亚哥形象，歌颂人类面对挫折坚强不屈、顽强拼搏的精神，激发学生对人生的思考。

由于文化的差异，外国的作品对于高中生的吸引力不是很强。因此，秉承着兴趣是最好的学习动力的教育观念，教师根据学生的生活实际和心理特点，有针对性地进行教学，着重吸引学生的注意力和激发学习兴趣，引导学生主动学习、享受课堂。例如，在"交流讨论，导入新课"环节中，教师根据学生的生活实际，利用学生熟悉的中国女排的精彩短视频创设情境来吸引学生的注意力，提问学生女排精神的含义，从而联系到新课中来，激发学生对本节课的学习兴趣以及对外国文学作品的阅读兴趣。

同时在本课的拓展式互动教学中，教师注重通过互动来引导学生进行自主学习，在"整体感知，布置任务""感受领悟，小组探究"等环节中，教师根据学生提出的问题布置学习任务，学生根据学习任务的方向对小说进行深入的自主学习、合作探究，概括出深入思考的结果，提高学生独立思考能力和语言组织能力。在教师引导下，鼓励学生自主探究、交流分享，从而探讨、思考小说的深意，激发学生对人生意义的思考，培养学生正确的世界观、人生观和价值观。

第三节　思考与拓展

——以部编本初中语文《春》为例

运用拓展式互动教学模式组织教学，根据学生的心理特点和知识水平，教师选择恰当的教学方式和课外资源。教师通过互动的形式引导学生自主学习，对课文内容进行循序渐进的思考探究。同时，教师通过师生间不断的双向交流互动，以课文内容为基础，结合课外学习资源，拓展学生的知识范畴。

一、教学设计

（一）设计思想

新一轮课程改革提出：教学要注重引导学生进行自主探究、合作学习和个性体验。本节便在思考如何在教学中让学生能够自主探究和独立思考，拓展自己的知识和能力。运用拓展式互动教学模式组织教学，师生之间不断地进行双向交流互动，共同探索教学内容，构建知识，完成教学任务，从中激发学生独立思考的积极性，拓展学生的知识范畴。因此，在学生已有的知识结构上，通过文句与诗行、原文与变文、教材课文与课外作品等对比阅读，让学生品味词句，思考语言的力量；通过拓展式阅读在语句上感受散文的魅力，领悟作者的情感与匠心。

（二）教学目标分析

1. 知识与技能目标

正确流畅有感情地朗读课文，掌握比喻、拟人等修辞手法。

2.过程与方法目标

通过品读、对比等方式，让学生品味精妙的语言，培养语感。

3.情感态度与价值观目标

培养热爱大自然、热爱春天的情感，形成健康良好的审美情趣。

（三）学情分析

从学生的已有知识水平上看，初中一年级学生虽然有着6年的语文学习经历，具有一定的语文基础知识和能力，但是他们的语言表达能力有所欠缺，对课外知识积累较少。同时，由于小学与初中教学内容、教学侧重点的不同，导致学生难以适应初中的教学。因此，教学过程中应该结合学生已有的相关知识来引入新课，通过课本内容和课外知识的对比结合来进行教学，让学生清晰地品味课文中语言的巧妙之处。

从学生的身心发展特点上看，初一学生的思维较为活跃，对新的教学内容和教学方法具有强烈的好奇心，课堂注意力集中时间较长，但主动的自主学习意识较为薄弱。因此，在具体的教学过程中应该激发学生的学习兴趣，让学生参与到课堂教学中来，通过互动的形式引导学生进行自主学习，一步步地培养学生主动学习的方法和习惯。从欣赏语言的过程中，感受到春天的魅力，培养热爱大自然、热爱春天的情感，形成健康的思想情感。

（四）教材与学习资源分析

《春》是部编本初中语文七年级上册第一单元的第一篇课文。在这单元里将通过各种优美的作品带领学生感受汉语之美，领略自然之美。《春》是一篇充满诗意的写景抒情散文，朱自清通过优美的语言描绘江南春天的独特景象，感受春天的蓬勃生机，全文充满诗情画意，抒发了他对春天的热爱之情，表达自己热爱生活，积极乐观的思想情感。课文下面的注释和课文后面的"思考探究"和"积累拓展"旨在指引学生阅读的方向，帮助学生更好地理解课文内容。同时，教师提供以及学生收集与《春》相关或类似的诗行、变文、课外作品等课外内容，更好地对比理解课文语言的精妙之处。

因此，在设计本课教学时，旨在学生在教师的引导下，结合课本内容和课外文本进行对比阅读，深入赏析课文语言，从而感受春天的美好，培养热爱大自然的情感，形成健康的思想情感。

（五）教学模式与策略设计

本案例主要采用拓展式互动教学模式，通过视频导入－阅读思考－拓展探究－梳理总结等环节进行教学，培养学生自主学习语文的能力。

具体策略如下：

课前，教师根据教学目标布置预习任务；学生自主解决阅读课文时出现的简单障碍，并且收集《春》以及作者的相关资料。课中，通过视频导入新课，引导学生阅读课文，初步理解课文的基本结构和内容；师生通过互动共同探讨春草图、春花图中语言的精妙；在教师的巧妙引导下，学生以小组为单位分别探究春风图、春雨图和迎春图，小组派代表发言，让学生在合作探究中巩固本节课的内容，检测学生的掌握情况。课后，布置关于《春》的主题小作文的开放型作业，发挥学生的自主性。

（六）教学活动过程设计

教学环节	教师活动	学生活动	组织形式
课前	布置预习作业： 1. 预习课本的生字，能够确定流畅地通读全文 2. 理解课文基本内容和主题 3. 收集《春》以及作者的相关资料	1. 识记生字，通读全文 2. 收集相关资料 3. 阅读课文，理解课文的情感	通过互联网收集资料，完成预习任务
课中	（一）导入感知 1. 通过多媒体播放视频 2. 提出问题，导入新课	1. 观看视频 2. 回答问题	多媒体播放

续表

教学环节		教师活动		学生活动	组织形式
课中	（二）阅读思考	1. 梳理课文基本内容和结构 2. 梳理作者的思路和写作意图		1. 阅读课文 2. 独立思考、回答问题	教师提出问题，学生阅读发言
	（三）拓展探究	环节1：品析春草图	1. 点名学生朗读 2. 根据学生的评价和问题，品析"盼望着""嫩嫩的""钻""偷偷地"的作用 3. 展示诗化的内容，引导对比	1. 朗读、评价 2. 探究文字，品味句子 3. 对比阅读，发言感受	教师组织引导，学生品析发言
		环节2：赏析春花图	1. 引导学生朗读第四自然段 2. 展示《紫藤萝瀑布》的相关句子和教师的改写，对比探讨春花图的语言文字	1. 朗读、点评 2. 思考和回答春花图文字和句子的作用	多媒体展示，学生发言
		环节3：小组合作探究	1. 提供与春风图、春雨图和迎春图相关的学习资料 2. 安排小组探究的任务	1. 根据学习资料合作讨论 2. 选出小组代表发言，以及小组朗诵	教师组织引导，学生合作分享、讨论发言
	（四）梳理总结		结合PPT和黑板内容梳理总结本课知识点	根据PPT和黑板内容回顾本课知识点	师生互动梳理总结

（七）练习与课外学习设计

《春》用精妙的语言描绘了江南春天的独特景象，为进一步巩固学生对课文知识的掌握以及激发学生对春天的想象和热爱，本案例设计的课后作业为：

对于春花、春草、春风、春雨这四幅图你最喜欢哪一个呢？请选出一个你喜欢的图画自己描写一下（400字左右）。

初中的教学更注重学生学习能力的培养，本案例通过学生朗读和品析文字，教会学生阅读文章的方法，让学生更好地了解春天景物的特点以及感受春天的美丽。关于《春》的主题小作文开放型作业，检测学生对写景抒情作文的写作技巧的掌握情况，让学生结合本节课所学知识进行迁移应用，运用优美的词语和句子，发挥自己的观察力和想象力，描绘自己心中的春天。

（八）学习评价设计

课前预习：要求学生自主预习生字，做到正确流畅地阅读课文，其目的是扫除生字障碍，培养学生自主学习生字的意识。结合课文下面的注释来理解课文的内容，并且收集《春》以及作者的相关资料，目的是为了让学生学会阅读文本的方法，培养学生自主阅读的能力。

课中探讨：朗读和探究阅读。通过学生的朗读可以更好地了解学生对课文句子情感的掌握情况，培养学生的语感。师生互动进行探究阅读，能够引导学生思考品味关键词对描绘景物的作用。学生小组合作探究，根据小组展示的结果能够在课堂上了解学生对课文语言的精妙之处以及课文描绘的春天特点的理解和学习情况。

课后作业：将作业设计为开放型的作业，内容为写作主题小作文，有利于学生结合自己的想象力进行写作，发挥学生的主体地位。该单元的目的是让学生感受文字的魅力，领略自然的美丽，培养和检测学生的文字描写能力、想象能力以及发现美的能力，对学生形成关于文章知识掌握以及写作能力的总结性评价。

二、教与学的实际过程描述

本案例在实际教学中结合互动教学的特点,将注重思考与对比拓展贯穿于课文语言的深入赏析中,使学生深入地品味课文语言的精妙,展现春天的特点,生动形象地描绘了春天。

课前,学生自主预习生字,做到正确流畅地阅读课文。阅读课文时结合课文下面的注释来理解课文的内容和主题。思考课文后面的问题,初步了解课文教学的内容并且收集《春》以及作者的相关资料,完成预习作业。

课中,教学实际过程主要分为四大部分进行,导入感知部分、阅读思考部分、拓展探究部分以及梳理总结部分。

首先,通过多媒体播放关于春天的视频,并抛出"以前有没有学过一些关于春的内容?""你们觉得春天是怎样的?"引导学生进行讨论,导入新课。

其次,通过"课文描写春的哪些内容呢?""请大家说一说文章是如何划分为盼春—绘春—赞春三个部分的?"这两个问题引导学生对课文进行整体的阅读,结合预习收集的资料,初步理解课文的主要内容和结构,理清作者的意图和思路。

接着,在学生初步理解课文内容的基础上进入阅读思考部分,按照课文的内容进行教学。一是师生通过朗读和品析"盼望着""嫩嫩的""钻""偷偷地"等关键词来品味课文前三段句子的情韵。通过以诗行的形式转化第三段的内容,引导学生进行与课文原文的对比阅读,探析春草图的特点,感受《春》的诗意盎然。二是通过选出一个小组朗读第四段,其他小组同学点评的方式引导学生探究句子语言的魅力。例如,"花下成千成百的蜜蜂嗡嗡地闹着"中读出"闹"的氛围,不仅体现蜜蜂很多,而且它们还很热闹。结合宗璞的《紫藤萝瀑布》的相关描写花的句子以及教师的改写,师生互动探讨文字和句子对描写春花图的作用,理解春花图的特点。三是根据教师提供的学习资料,安排小组分别对春风图、春雨图和迎春图进行阅读思考、合作探究。教师从旁与学生互动探讨词、句的作用以及段落中描绘的春天景物特点。小组派出小组代表汇报结论以及小组整体对安排的课文内容进行有感情的朗读，其他同学发言评价，教师对每个小组的表现进行点评并列出三幅图的特点和其中精妙的文字。

最后，教师以思维导图的形式与学生一起梳理总结课文的知识和结构，加深学生对知识的理解和记忆。教师布置"对于春花、春草、春风、春雨这四幅图你最喜欢哪一个呢？请选出一个你喜欢的图画自己描写一下（400字左右）"。的开放型作业，让学生结合本节课所学知识进行迁移应用。

三、学生学习成果

在《春》的具体教学过程中，在学生的朗读以及其他同学对此的评价中，学生的课堂参与积极性不断地提高，对于品析课文语言的兴趣越来越高涨，对句子情感的理解越来越深刻。同时，通过视频和问题指引学生探析课文语言文字的方向，在文句与诗行、原文与变文、教材课文与课外作品等对比阅读中师生之间一次又一次地互动讨论，让学生感受到课文中文字的精妙，了解不同字词对于景物描绘的作用，从而明白作者对春天特点的深刻了解，领悟到作者对春天的喜爱之情。在小组分别探究春风图、春雨图和迎春图的环节中，大部分学生都能够找出其中精妙的语言和景物的特点，也能够有情感地朗读任务段落。学生学习成果更直接的展示则是课后作业的情况，通过《春》的主题小作文的开放型作业，既让学生对本节课知识进行迁移应用，又让学生能够观察春天的特点，发挥自己的想象力。学生上交的作业中，大部分都能运用优美的语言文字进行写作，描绘出自己心中的春景图，表达自己对春天、大自然的热爱。

四、教学反思

《春》是一篇朱自清描绘江南春天的独特景象的写景抒情散文，其中运用诗化、精妙的语言深刻地抓住了春天的特点，描绘出生机盎然的春天,全文充满诗情画意。

优美精妙的语言是《春》的独特优点,因此在具体教学过程中,将舍"面"逐"点",在阅读思考部分中,师生之间简单地梳理和理解课文的内容和结构,了解作者的思路和写作意图,而在拓展探究部分中,教师则重点详细地探讨课文的语言。教师通过互动运用对比文句与诗行、原文与变文的区别,来与学生一起探讨《春》中精妙的语言。在教材课文与课外作品的对比探究中,小组合作探究,了解作者笔下春天独特的景物,感受作者对春天的喜爱之情。在教学的过程中,潜移默化地教会学生阅读文章的方法以及写景抒情作文的写作技巧。同时,通过学生之间的朗读与评价,让学生在朗读中感悟句子的情感,在评价中了解朗读的技巧,从而培养学生的语感,形成良好的审美品位。

第四节 表达与创新

——以初中地理"我国的行政区划"为例

互动教学模式强调教师以互动的形式进行教学,调动学生的积极性。教师根据学生的特点选择合适的教学方式,激发学生的学习兴趣,进行自主学习。师生以互动的形式,一问一答,引导学生发现问题、分析问题。充分尊重学生的主体地位,教师引导学生创新性地解决问题,进行个性化的表达,促使学生逐渐构建自己的知识框架。

一、教学设计

(一)设计思想

我国的行政区划是为了便于国家进行分级管理而划分实行的,省级行政区划是我国行政管理的基本单位。行政区划与我们的生活密切相关,了解我国的行政区划,熟悉我国的省级行政单位是每位学生应该具备的学习本学科的基本要求。因此,本次教学将以义务教育课程标准实验教科书

《地理》中的"我国的行政区划"为例,重点关注学生对我国行政区划的了解和掌握,以及结合自己的生活实际创新地运用自己的独特方式去记忆我国省级行政单位的名称、简称、位置和行政中心,从而使学生的自主表达能力、思考创新能力得以发展。

（二）教学目标分析

本案例具体教学目标如下：

1. 了解我国的三级行政区划,能够记住我国省级行政单位的名称、简称、位置和行政中心。

2. 能够通过中国行政区划图,填写我国省级行政单位的名称、简称和行政中心。

3. 明白台湾、香港和澳门是我国不可或缺的一部分,培养学生的爱国情怀。

（三）学情分析

八年级的学生已经学习了一年的地理,具有一定的地理知识,掌握了学习地理的方法,在此基础上能够较为容易地理解和掌握本课的知识内容。因此,教师可以放松对课堂教学的控制,尽量让学生根据自己的生活实际以及心理特点,自主地运用自己掌握的地理学习方法来学习和记忆本课的知识,培养核心素养。

同时,八年级的学生思维活跃,想象力丰富,但在学习上还具有一定的主观性,对感兴趣的事物会有更高的学习积极性。而本课的内容是关于对我国行政区划以及省级行政单位的学习,教学内容比较单一,并且记忆量较大,八年级的学生对此可能会觉得枯燥无聊,学习的积极性不高,进而影响到教学效率以及学习效果。因此,教师可以根据互动来引导学生通过多种多样的课堂活动进行自主学习,激发学生的学习积极性。

（四）教材与学习资源分析

本课"我国的行政区划"为义务教育课程标准实验教科书《地理》八年级上册第一单元中的内容。该单元是从区域特点的角度去呈现中国辽阔的疆域，带领学生认识、理解和掌握我国疆域的基本知识，进而培养学生的爱国情怀。"我国的行政区划"是对中国疆域的进一步学习，反映中国行政区域划分的原则和现状，是学生学习中国地理的必备基本知识，在中国地理教学中具有重要的地位。而关于中国省级行政单位的知识不仅是中国地理的基础知识，也是初中学生在生活和学习中的必备常识。其中，课本中通过图片、表格等形式帮助学生更加直观清晰地认识和了解本课的知识内容。因此，本课也将借助视频、歌曲、拼图等学习资源辅助学生学习和掌握本课的教学内容，进而学生可以根据自己的偏好利用创新的方式来记忆学习内容，建构知识框架。

（五）教学模式与策略设计

教学模式： 遵循体现学生主体地位的教育理念，让学生能够自主学习、个性体验，运用拓展式互动教学模式组织教学。教师根据学生的生活实际布置学习任务，以学生的课堂掌握情况以及学生提出的问题为指标，调整教学内容，通过互动的形式引导学生阅读课本，充分尊重学生的主体地位，高质量完成教学内容。

教学方法： 通过图片创设情境，激发学生的学习兴趣，关注到课堂中来；师生以互动的形式，一问一答，共同探索课本的内容，从而构建自己的知识框架；学生以小组为单位，创新性地运用适合自己的记忆方法来背诵任务内容，在小组讨论中学会寻找适合自己的学习方法。学生可以运用多种形式来展示自己的记忆效果，发挥想象力。

（六）教学活动过程设计

教学环节		教师活动	学生活动	组织形式
课前		1. 布置预习作业： （1）按照要求填写自己的家庭地址 （2）收集关于我国行政区划的相关资料，如名称来源、简称由来等 2. 提供课外阅读链接	1. 完成预习作业 2. 阅读课外链接	互联网阅读课外资料
课中	创设情境，导入新课	1. 多媒体展示图片，创设情境 2. 提出问题，导入新课	1. 观察图片 2. 独立思考，回答问题	教师组织，点名回答
	交流互动，初步感知	1. 提出问题，引导学生阅读课本 2. 布置任务，下发导学案	1. 阅读思考，回答问题 2. 完成导学案	教师引导，学生回答，完成导学案
	探讨分析，巩固记忆	1. 引导学生发言或提问 2. 解答问题	根据收集的相关文本资料回答或提问	师生互动，探讨问题
	讨论创新，个性表达	1. 引导学生讨论发言 2. 划分学习小组，分配学习任务 3. 安排小组上台展示 4. 点评小组表现	1. 讨论完善记忆方法 2. 根据方法进行记忆 3. 展示讨论结论以及记忆效果	教师组织，小组讨论、上台展示

教学环节	教师活动	学生活动	组织形式
课后	布置作业： （1）对课本中的"中国的省级行政单位填充图"进行填写 （2）向家长背诵中国的省级行政单位名称、简称和行政中心	完成课后作业	

（七）练习与课外学习设计

"我国的行政区划"的教学目标是让学生了解我国的三级行政区划，以及能够记住我国省级行政单位的名称、简称、位置和行政中心，主要是记忆性的内容。因此，本案例的设计如下：

课中：观察学生的导学案的完成情况；观测学生小组的记忆方法以及台上展示情况。

课后：对课本中的"中国的省级行政单位填充图"进行填写；向家长背诵中国的省级行政单位名称、简称和行政中心。

通过学生小组合作展示，既能够加深学生对教学内容的记忆，又能培养学生的表达能力。反复地填写和背诵练习，巩固学生对本课内容的记忆。

（八）学习评价设计

课前的预习——按照要求填写自己的家庭地址。学生根据自己的生活实际完成预习作业，既能提高学生对本课的学习兴趣，又能够让学生在潜移默化中认识到知识的迁移应用。

课上的提问、导学案、展示——个人回答与团体展示相结合。利用多种方式进行教学，既提高了学生的课堂参与度，又能够达到客观全面地评价学生对本课教学内容掌握情况的目的。教师对小组多种形式的展示进行生成性评价，培养学生创新思维和表达能力。

课下作业——填写课本中的"中国的省级行政单位填充图"以及向家长背诵记忆任务，有利于加深学生对本课知识的记忆，了解学生对本课知识的掌握情况，进行课堂学习的总结性评价。

二、教与学的实际过程描述

根据拓展式互动教学模式特点，本案例具体实施的教学过程如下：

课前：布置预习作业。学生通过阅读课本的文字、注释以及图片，收集我国行政区划的相关资料，自主学习完成预习作业，初步了解我国的行政区划。

课中：具体课堂教学过程主要分为四个教学环节："创设情境，导入新课"—"交流互动，初步感知"—"探讨分析，巩固记忆"—"讨论创新，个性表达"。

在第一环节中，教师根据学生的预习作业，利用多媒体展示图片，创设情境"这是老师网上购物的收货地址，它准确地反映了老师现在的居住地址。大家知不知道它是按照什么标准去填写的呢？"激发学生的好奇心，导入新课"我国的行政区划"。

在第二环节中，根据学生的回答，教师提出问题"那么我国的三级行政区划具体是什么呢？"引导学生阅读课本，回答问题。教师利用多媒体展示课本中的图片"我国一共有多少个省级行政单位，分别是什么类型的、名称是什么？"分发导学案，让学生根据导学案有目的、有方向地阅读课本的文字和图片，进行自主学习，完成学习任务。

在第三环节中，在学生完成学习任务后，教师展示多媒体课件进行小结。提出问题"我国省级行政单位为什么后缀不是同一的呢？""名称的由来是什么？简称的来源是什么""大家在阅读课本的时候最感兴趣的是什么问题呢？"学生根据自己收集的相关文本资料进行回答或者提出疑问，教师点评学生发言或解答学生疑问。例如，对解答省级行政单位的"自治区"中，教师应该结合课外的知识与内容，让学生理解我国是一个多民族的国家,认识到因地制宜的关键性,明白尊重和理解少数民族文化习俗的重要性,培养学生的爱国情怀。培养学生学习课外知识的自主性,激发学生对身边事物的好奇心。

在第四环节中,在完成我国行政区划基本知识的教学和拓展后,教师提出问题"我国的省级行政单位是中国行政管理的基本单位,那么我们将如何记忆这34个省级行政单位的名称、简称和行政中心呢?"引导学生进行讨论。教师以学生讨论的结果为分配原则,安排讨论小组。学生分析讨论自己偏好的记忆方法,整合、补充出一个小组觉得较完美的记忆方法,并且利用这个记忆方法在课堂上进行记忆。教师给予提示并控制课堂记录。接着,小组派出代表汇报小组的记忆方法,教师在黑板上列表记录,同时小组可以多种形式地展示小组利用这个方法来记忆的情况。最后,教师对每个小组的表现进行评价,进行总结梳理,结束本课。

课后:布置课后记忆作业。学生对课本中的"中国的省级行政单位填充图"进行填写以及向家长背诵记忆任务,巩固对34个省级行政单位的记忆。

三、学生学习成果

学生对于课前预习作业都能很好地完成,能够初步了解和掌握本课的主要教学内容;在具体教学过程中,学生在课堂上回答问题积极活跃,且大部分回答都正确。学生在自主阅读课本后提出的疑问大多具有思考和讨论的价值,对课本内容的掌握和理解情况较为理想;在学生发言记忆方法时,不少学生说出较为有效的记忆方法,也有部分学生说出创新性的记忆方法。在小组讨论中,大部分学生都积极地结合自己的偏好去思考适合自己的记忆方法,进行背诵教师布置的记忆内容。在小组上台展示中,每个小组都运用不同的形式来展示小组的记忆效果,课堂气氛轻松愉悦;在课下作业反馈中,大部分学生对课本中的"中国的省级行政单位填充图"的填写正确,学生对本课知识的掌握情况较为理想,学生对本课知识的记忆较为扎实。

四、教学反思

"我国的行政区划"的教学目标是让学生了解我国的三级行政区划,以及能够记住我国省级行政单位的名称、简称、位置和行政中心。本课主要是记忆性的内容,难以避免在课堂教学中气氛会枯燥无聊,这将会降低学生的学习兴趣以及课堂参与度,教学效果不高。但事实上,本课的教学内容具有较强的现实应用意义,是学生在生活和学习上必备的常识内容。因此,在本课教学中,一方面,注重提高学生的课堂参与度。例如,在探讨分析、巩固记忆环节中,教师引导学生发言提问,根据学生的实际与偏好进行教学,让学生学会细致分析课本相关知识点,学会根据课文取舍自己收集的学习资料,有针对性地进行学习。另一方面,注重学生思维与能力的培养。在讨论创新、个性表达环节中,通过学生自己的思考讨论,挑选适合自己的记忆方法,以及小组多形式的展示,从而培养学生的探索精神、创新思维和表达能力。

第六章　活动教学模式及经典案例

21世纪是世界经济高速发展的时代，全球化进程飞速发展，科学技术迅猛发展，世界各国都需要大量人才支撑科学技术的创新，而科技的迅速发展需要教育的支撑。传统的教育模式已经不再适用于这个时代，这就需要我们应用并推广新的模式，推动教育的发展，使之跟上经济的飞速前进，于是活动教学模式应运而生。结合活动教学模式的特点，包括开放性、综合性、整体性、研究性、自主性、层次性、交互性、生成性、情感性、引导性、艺术性、创造性、实践性、探究性等，我们在拓展式教学实践中探索建立了活动教学模式，并提供了活动教学模式的几个应用案例，期冀向大家介绍活动教学模式的同时，能给众多一线教师带来借鉴和思考，并能应用到教学中，带来教学方式的转变。

第一节　活动教学模式概述

一、活动教学模式概述

（一）教学理念

以社会学视角来看，拓展指的是开发、拓展之意，即时间和空间的无限拓展延伸。而拓展式教学作为创新型的教学策略与教学手段，能给教育带来新的活力，也符合新课标的要求。拓展式教学分为知识拓展、思维拓展、生活拓展，而教学目标又分为拓展教材知识、拓展学科内容、拓展情感态度价值观三方面。[①] 活动教学模式作为拓展式教学的引申，自然遵循上述内容，并且采用自由民主的开放教学与综合多元的评价方式，能使学生在活动过程中拓展知识技能、情感态度价值观以及多方面的能力，让学生在自主探究过程中获得对于活动的直接体验，内化知识技能并产生情感的共鸣，让学生培养良好的行为与思维习惯，尤其是促进自主探究与独立思考的能力，让学生能"乐学""善学"，发挥学生的主观能动性，构建师生教与学共同体。

（二）基本原则

活动教学模式作为一种新型的以学生为主体、促进师生共同成长的教学模式，具体原则阐述如下：

1. 自主性与研究性相结合原则

苏霍姆林斯基说过："人的心灵深处总有一种把自己当作发现者、研究者、探索者的固有需要。"[②] 学生自主探究多样化的教学活动，突出学生的主体性，调动学生的积极性，让学生"主动"参与，而不是"被动"接受。有时学生还需要动手去观察操作，研究事物、现象的发展以及规律，使学生在活动过程中真正亲身去自主观察事物的本质特征、研究事物发展的过程，从而能让知识真正融进学生的血液，并能激发学生的兴趣。

2. 综合性与灵活性相结合原则

丰富多样的教学活动，体现了教学的综合性，让学生得到不同的尝试与锻炼，通过精彩纷呈的活动引领学生体验不同的知识与情感，能提升学生的核心素养与综合能力。灵活性指的是学生在绚丽多彩的活动中会采取多样化的学习方法，灵活解决问题，培养学生随机应变的思维以及能力。不仅如此，灵活性还包括教师在触发活动时，需要画一个圆圈，让学生自主学习、自主探究，保证学生都能在既定的轨道学习知识，不偏离教学目标。

[①] 杨晨. 拓展式教学模式在高中政治教学中的运用 [J]. 新课程研究，2019（19）：62-63.
[②] 苏霍姆林斯基. 给教师的一百条建议 [M]. 周渠，译. 北京：人民教育出版社，2014.

3. 实践性与创造性相结合原则

活动教学模式，顾名思义指的是在教学过程中教师设计各种各样恰当的活动引导学生进行探索与实践，而学生的实践不仅指动手、动口、动耳、动嘴的"实践"，还需要配合动脑的"实践"。学生能在自主实践过程中获得知识技能，培养正确的情感态度价值观以及塑造人格，从而找到"生命的依归"（生命的依归指的是，学生在走进活动、感悟活动时，与事物、现象以及自己的心灵沟通，从而拓宽生命的意义）。活动教学模式的原则之一就是培养学生的创造力，诸多活动都不是简简单单能完成的，需要学生发挥想象力去创造。活动教学模式一方面鼓励学生大胆去创造、求新，另一方面能使学生认识新事物以及在认识新事物过程中获得相关的技能与方法。

4. 趣味性与知识性相结合原则

斑斓多彩的教学活动能"寓教于乐"，使学生的学习充满乐趣，不会觉得学习是枯燥无味的，这样做能确保学生学习的质量以及教师教学的质量，形成高效课堂。首先知识性指的是在活动过程中学生能潜移默化学到知识，并且内化吸收，能真正地理解知识和运用知识；其次当学生亲身实践、切实体验时，知识就已经跟自身发生联系，这样能使知识更加牢固。

5. 交互性与生成性相结合原则

教师和学生在活动过程中平等地交流互动，生成大量知识。教师和学生是平等对话的关系，而不是对立或者教师作为主体的关系。教师引导学生去完成活动，并相互探讨和互动，对知识进行全面的思考，两者都能从对方获得启发，知识由原来的"平面知识"转变为"立体知识"，双方都能得到不同程度的成长。而在活动过程中生成的知识，对于师生来说更为深刻，赋予了知识全新的意义，也促进了学生思维的发展，从而实现学生是"学习知识的主体"。

6. 情感性与体验性相结合原则

情感是人类所共有的一种情绪。教师在选择活动内容、设置活动时，需要融入情感，让学生在自主探究、亲身体验中获得相应的体验感受，体验知识背后的丰富含义，亲身参与知识的建构，并融入自己的亲身经历，从而达到师生情感的共鸣，促进学生对于生命的别样理解以及对于生命、自然、天地的敬畏。

7.整体性与开放性相结合原则

活动教学模式贯彻新课标的三大目标：知识与技能目标、过程与方法目标、情感态度与价值观目标。教师在设置教学活动的目标、选择教学内容时，要从新课标的三大目标出发，用整体性思维来实现活动教学。开放性指的是师生的活动时间与空间不受限制。活动的空间不仅包括博物馆、工厂等，还包括整个大自然。而活动开展的时间不仅仅限于教学时间，周末、假期、寒暑假等都是活动开展的最佳时间。时空的开放性，不仅能解放学生的天性，还能培养学生热爱大自然、保护大自然的思想感情。

二、活动教学模式基本环节

活动教学模式采用的是"课前探究与实践＋课中组织与体验＋课后反思与拓展"流程模式，主要包括教师教的 6 种形式、学生学的 8 种方式，他们共同组成课前、课中、课后三位一体的活动教学模式，具体的教学模式基本环节如图所示：

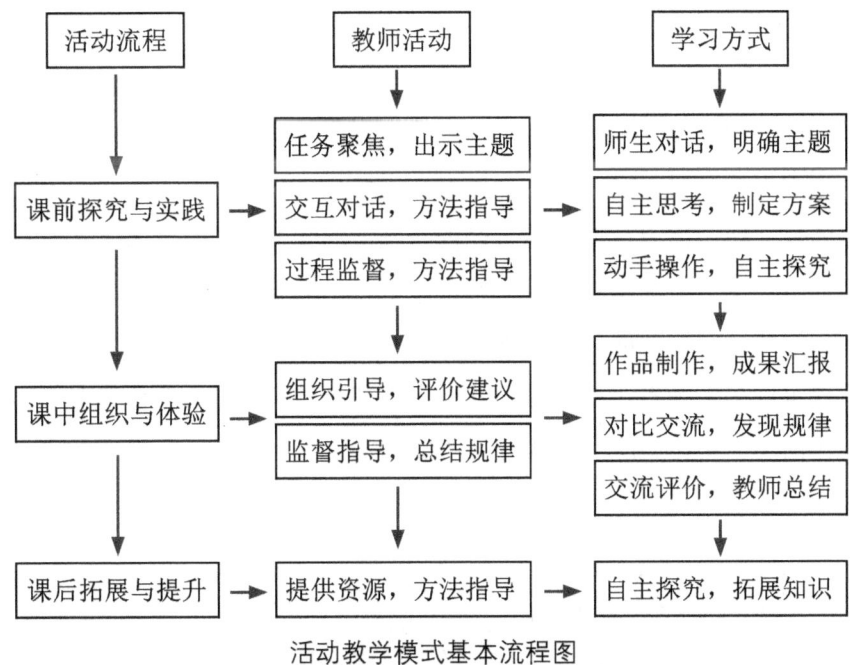

活动教学模式基本流程图

（一）课前探究与实践

教师在课前查阅大量资料，根据学生的认知规律、接受能力、年龄特点、心理特点、知识水平等选择合适的活动主题，让学生了解活动主题并指导学生在课前进行自主探究。课中结合学生的作品展示，让学生通过不同的作品发展规律，进行一定的总结与评价。课后根据学生的评价结果，教师提供资源，让学生拓展更多的知识。

1. 任务聚焦，出示主题

教师根据学情、学科发展和社会需要分析结果，选择合适的活动主题。主题的设置是很关键的，需能引起学生的探究兴趣，激发学生的好奇心。这一阶段让学生对活动主题有一个大概的认识，对于接下来的理论学习与实践探索奠定一个良好的基础。学生在教师的引导下，互相交流，提出疑问，明确主题。

2. 动手操作，思考探究

当学生对于主题有了初步的印象，先进行思考，然后在教师的指导下制定活动的方案。教师需要对学生课前活动的全过程进行实时的监督指导，让学生能在动手操作中自主探究，完成作品。这一环节一般是以小组合作的形式展开，组员要发挥自己的特长，明确自己的任务和职责，各个小组的组长负责全程跟踪记录，并实时汇报小组实践进度。教师根据小组长的反馈和自行发现的问题，进行活动的实时调整和指导建议。而这作品的开展可以是多种多样的，包括社会参与和科技实践活动、生活体验与实际操作活动、文体和趣味活动这三种类型的活动。而这三种类型的活动又包含很多形式的活动。[①] 具体情况如下表：

活动类型	具体类别	概念
社会参与和科技实践活动	观察活动	通过观察人物、事物、环境以积累材料，感悟生活。
	调查活动	通过新闻调查、案件调查、考古考察、文化研究、介入社会和理解社会。
	访谈活动	采访先进人物、著名人物、问题人物、特殊人物，与平常人谈话等了解人、理解人，学会交际交往，树立正确的世界观、价值观和人生观。
	社会活动	通过单位见习、企业实习、社会实践，宣传国家政策、社会公德、体验生活、服务社区、服务大众。
	实验活动	通过科学实验、科技实验、科学研究、课题研究、问题解决等形式树立科学意识、学习科学知识、培养科研能力、发展科学素养，提高自己的实践能力和创新水平。

---

① 彭小明. 活动教学法初探 [J]. 当代教育论坛，2006（13）：51-54.

续表

活动类型	具体类别	概念
生活体验和实际操作活动	作业活动	作业有两方面的意思，一方面指课堂练习、家庭作业；另一方面指通过调查、统计、研究等手法获取信息进行训练的学习方式。
	劳作活动	劳作活动主要是指劳动生产、设计制作、工艺手艺、养殖培育、修理、家政、义工、测绘等活动形式。
	编创活动	编写创作文学和艺术作品，包括作文、作曲、摄影、书法、绘画等文艺活动。
	表演活动	如演出话剧、小品、相声、曲艺等。
	交流活动	通过对话、讨论、辩论、演讲、展出等方式进行交流交往性学习。
文体活动和趣味活动	游艺活动	如游戏、游园、游玩等。
	竞赛活动	如征文比赛、智力竞赛、科技竞赛等。
	集会活动	如文艺晚会、节日活动、文化周、化装舞会、晨会等。
	社团活动	如兴趣小组、班团队活动、学校传统活动等。
	旅游活动	如秋游、春游、夏令营、冬令营、野外探险等。
	军团活动	如军训、体育活动等。

活动类别一览图

（二）课中组织与体验

1. 成果展示，汇报交流

学生将课前自主探究完成的作品在课堂上展示汇报，教师全程观看并引导学生完成成果的展示，而汇报的作品一般是以小组为单位的，小组长需要安排人员进行汇报。汇报的形式可以是个人汇报、双人汇报以及集体汇报，依具体活动主题灵活执行。

2. 总结评价，发现规律

成果展示完成之后，教师需要指导学生进行思考交流，对比不同的作品，并引导学生发现规律。教师再进一步指导学生进行评价标准的制定，一般由组间、组内交流来进行评价，给予学生一定的时间讨论，对照标准进行合理的评价。教师对学生的交流评价做一个小结，并综合各方意见，进行客观的评价和总结。

（三）课后反思与拓展

教师根据学生完成作品的情况，提供一定的资源（网站、书籍等），让学生在课后进一步的探索，拓展相关知识。

三、活动教学模式操作建议

拓展式教学下的活动教学模式要求教学是一种双边活动。教师在教学过程中需要综合运用多种资源设计各种"从学生立场出发，适应学生不同智力发展阶段，适合每个学生需要的活动"。结合活动教学模式的功能之一是"促进师生共同成长"，为了能让活动教学模式发挥它的功效，主要提出以下两点建议。

（一）注重教师和学生的角色

活动教学模式是以教师为主导、学生为主体的新型教学模式。首先，教师要清楚、明确自己的角色，不能把自己当作主体，让学生被动学习、被动接受知识，而是指导者、引导者。其次，教师在课堂上不能对学生放任自由，无论是课前的探究与实践、课中组织与体验，还是课后的拓展与提升，教师都要对学生进行实时客观的指导，并给出具体的建议。这时教师不仅是"引导者"，还是"献策者""谏言者"。最后，学生也要明确自我的角色，应该克服惰性，跟随着老师自主制作或者合作探究完成作品。学生是"实践者""自主探究者"。

（二）注重综合性和多元化评价

活动教学模式的评价是十分关键的，这关乎学生自信心的树立。这一阶段是课中活动进行的最后一个环节。这一环节应该采取多元化的评价方式，发现每位学生的闪光点，综合各方意见，采取客观公正多元的评价标准，促进师生的共同成长。评价方式的多元化凸显在评价主体、评价标准、评价方式上，评价主体包括学生、教师、学校领导、社区人员、家长、公众等；评价方式包括个人自评、生生互评、小组互评、教师评价、家长评价、学校领导评价、公众评价、线上评价、线下投票等。评价标准应该向多元化发展，不仅能让学生意识到不同个体之间的差异性，而且能正确地看待自己；而教师应该综合多种评价方式、多方评价主体、多元化的评价标准，确保结果的"公平""公开""公正"，实现活动教学模式的有效运行。

第二节　创设情境　巧用活动

在活动教学模式中，情境的创设是至关重要的。只有创设恰到好处的情境，才能确保学生能够融入情境，激发学生的内在动力，从而构建高效课堂。不同的情境创设，效果是不一样的。教师在创设情境时，要联系教学实际，巧用各种各样的活动，为学生带来不一样的课堂，以便学生能够在良好自主的氛围中，养成良好的自主学习能力和实践探究能力。

一、教学设计

（一）基本思路

七年级学生较为好动，注意力易分散，应采用形象生动、形式多样的教学方法和学生广泛、积极主动参与的学习方式，去激发学生学习的兴趣。但是七年级学生乐于表现，爱发表自己的见解，希望得到老师的表扬，所以在教学中应抓住学生这一特点，发挥学生的主动性、积极性。因此，本次活动以"文学小观园·精彩大世界"的主题展开，让学生通过阅读书本、表演课本剧、绘制手抄报等形式开展读书周活动并启迪学生的心灵，不仅激发学生的阅读兴趣，还能通过表达感受、表演课本剧培养学生的自信心，让他们的特长得到充分展现。

（二）活动目的

通过阅读、绘制手抄报、表演课本剧，锻炼学生的阅读能力以及口语表达能力，培养学生的人际交往能力与自主探究能力。

通过自主改编课本剧、绘制手抄报，培养学生的创新意识以及创新能力。

通过合作交流、自主阅读等活动，让学生了解不同文本，领略不同文学的美，提升学生的文学素养。

（三）学情分析

七年级学生求知欲、好奇心强，应该采用多种活动来激发学生对于文学的兴趣，让学生积极主动地参与其中，快乐地学习。

七年级学生好动，注意力容易分散，喜欢表现，运用形式多样的活动让每一位学生参与课堂，运用多种不同形式的活动来吸引学生的注意力，潜移默化地进行文学的熏陶。

七年级学生处于青春期，是塑造价值观、人生观、世界观的关键时期，让学生通过阅读与不同作者交流、与同学交流，获得新的认知与理解。

七年级学生具备较好的思维能力和表达能力，能够开展此次活动。

（四）活动内容分析

1. 教学重点

通过阅读文本，掌握阅读的方法；通过绘制手抄报、表演课本剧等方式激发学生的创造力，培养学生合作交流与自主探究的能力。

2. 教学难点

通过小组合作学习，改编课本剧以及绘制创意的手抄报。

（五）教学策略设计

本次活动同样分课前、课中、课后三个环节，开展以"文学小观园·精彩大世界·精彩大世界"为主题的读书周活动。具体的活动流程主要分为：自主阅读，记录感想→小组活动，合作探究（手抄报、课本剧）→课内展示，成果交流→交流评价，引发思考→反思提升，拓展思维（课后）。

课前自主阅读环节，教师未限定学生阅读的书籍，引导学生去自主阅读感兴趣的书籍，并写下感想以及心得。

课前绘制手抄报环节，用时一周。教师根据班级情况进行合理的分组，引导学生搜集资料，绘制手抄报。由组员选定组长，一组5—6人，组长负责分工以及监督组员的进展情况，向老师汇报具体情况以及遇到的难题。实践过程中允许组长或者组员向老师、同学和家长寻求帮助，但要确保学生参与制作的全过程。

课前准备课本剧环节，用时一周。本次活动的分组安排同上。教师要引导学生去改编课本剧并上交剧本，教师需要在恰当的时机给予学生建议。

课内展示成果，作品交流环节，这一环节先让学生发表阅读后的感想，再依次展示手抄报，师生互动讨论精彩之处，最后再请两组成员表演课本剧，并结合多种评价方式给予总结。

课后反思，拓展思维环节，教师引导学生去阅读更多文学作品，并通过课上的交流让学生领略不同文学形式的美，激发学生课后阅读其他同学提供的文本的兴趣。

（六）教学过程设计

教学环节		教师活动	学生活动	设计意图
课前	自主阅读，记录感想	教师引导学生选择感兴趣的文学作品进行阅读，并实时了解学生的阅读情况。	自行选择文学作品进行阅读，并将感想记录下来。	让学生通过阅读记录自己的所思所想，并能通过教师引导，学会多种阅读方法。
	小组活动，合作探究	1. 根据上述情况以及异质原则进行分组，然后引导学生民主选举小组长，组长将分工情况上报。 2. 根据组长上交的活动方案以及汇报，将任务统一发布出来。 3. 教师通过与学生、组长的互动了解进度，并及时对小组活动给予具有指导性的建议。 4. 通过了解的情况，对于活动内容和方案进行适当的调整。	1. 学生自行推选组长，由组长协调分工，可以是组内一些成员绘制手抄报，一些成员准备课本剧，或者是所有成员参与绘制手抄报和表演课本剧，制定活动方案，并上报。 2. 组长综合多方意见将分工情况和进展情况上报，并将问题汇总，与教师进行沟通。 3. 根据教师的指导和自主创造，对课本剧进行多次的排练，组长将剧本上交给教师。	1. 培养学生的想象力和创造力，提升学生的文学素养。 2. 培养学生合作交流和自主探究的能力。 3. 教师通过与学生的互动以及组长的汇报情况，较为全面掌握学生的实践情况，以便后续教学内容的展开。

续表

教学环节		教师活动	学生活动	设计意图
课内展示，成果交流	谈话导入，引发感想	师：同学们经过这次读书周肯定有很多收获，现在就让我们来分享一下！（打开电脑，屏幕显示本次活动的主题"文学小观园·精彩大世界"） 师：画面上的人物大家认识吗？（屏幕显示古今中外6位文学名家的画像） 1.教师对每位学生给予适当的评价，在这里不再详细展开。（比如师回复生1：很不错。"但愿人长久，千里共婵娟"这句话确实引起了许多人的共鸣。明天就是中秋节了，让我们给远方的亲友送上一些美好的祝福吧！）	学生交流读书感受。 生1：我认识冰心，我读过她的《繁星》《春水》。还有苏轼，他是宋代著名的文学家，课本里有他的词《水调歌头》，其中我认为写得好的句子是："人有悲欢离合，月有阴晴圆缺，此事古难全。但愿人长久，千里共婵娟。" 生2：我了解雨果，他是法国浪漫主义文学的重要代表，我看过他的《巴黎圣母院》。鲁迅我也了解，他是我国伟大的无产阶级文学家、思想家、革命家。课本里有他的文章《社戏》。 其他学生依次表达感受，7—8人，在这里不再详细展开。	1.通过交流感受，学生得到展示的机会，锻炼了学生的口语交际能力，同时提高学生的自信心。 2.教师的回答引发学生思考，并将作者介绍给全班学生，引发学生去阅读他们的作品。

续表

教学环节	教师活动	学生活动	设计意图
作品展示，成果交流	师：刚才大家谈读后感谈得很好，老师都深受感染了，其他同学也一定受益匪浅。希望大家继续努力，不断从文学的殿堂汲取丰富的营养。不过这次活动周老师还布置了动手编辑文学小报。下面请各组派代表来展示一下。 1. 教师全程监督指导，并对各个小组的手抄报给予评价，鼓励学生不断进取。 2. 片段截取教师回复组1： 师：好，《种子》这首小诗虽然稚嫩了点，但老师相信，只要你们不断努力，一定会创作出更好的作品来。（视频将这首小诗放大）其他片段不详细展开。 3. 教师引导学生进行交流评价，并进行总结发言。	1. 小组推荐代表轮流展示作品，并加以阐述。 组1：这份报纸是小组共同制作的，主要内容有《名家简介》《诗文欣赏》等栏目。《名家简介》介绍的是我国文学家冰心奶奶的生平，这首《种子》是我模仿冰心奶奶的诗的意境写的。另外还有《小时候》《小河》这几篇散文也是我们的创作。 组2：我们这份小报是围绕"文学小观园·精彩大世界"这一主题来进行创作的。其中，有自创的散文、古诗、寓言等，还有英语角、趣味数学等等。或许会有人说，主题是文学，怎么会牵涉英语、数学呢？其实，语文是各门学科的基础，英语、数学里面有许多文学的影子。所以，我们认为，把英语、数学办进语文报，是一件大有裨益的事。	1. 在作品交流环节，充分发挥了学生的主观能动性，把课堂的时间还给学生。 2. 通过师生、生生互动交流，学生可以看到自己的不足和优点，取长补短，增加了学生对于文学的兴趣。 3. 通过师生互动评价的方式，让学生对于各组的作品情况有一个清晰的认识和判断，汲取经验，锻炼思维能力。

续表

教学环节	教师活动	学生活动	设计意图
作品展示，成果交流	片段截取 教师总结： 师：大家说得都有道理，老师觉得我们每一小组的报纸办得都不错，各有特色。从每一份小报中，老师看出了大家通力合作的精神。当然，我也希望同学们能够从这次展示活动中，吸取别人的长处，找出自己的不足，在今后的学习中，更加精诚团结，创作出更多更好的作品来。	2.学生对于各组的手抄报进行评价交流 片段截取 生1：我认为第三小组的报纸办得好。他们的报纸紧紧围绕"文学小观园·精彩大世界"这个主题，创办"名家简介""美文欣赏""心灵交流"等比较优秀的栏目，整个版面清晰流畅，美术设计也很精美细致，更激起了我们对文学的喜爱。 生2：我觉得我们小组的报纸办得不太好。首先是内容选择不够好，版面设计也很凌乱，办报用的纸张质量太差。	4.学生代表介绍小报。小报内容丰富多样，有古文赏析、成语小故事、名人名言、读后感、自创诗歌、散文、名家简介、英语小幽默、趣味数学等。每一位代表不仅向大家介绍了创办小报的设想和各版面的内容，还着重介绍了他们这一小组认为创办最好的栏目，使同学们又获得了一次学习提高的机会。

续表

教学环节	教师活动	学生活动	设计意图
课本剧表演，交流评价	教师引导课本剧的开展，并让学生来表演（挑选2组），并引导学生进行评价。	1. 认真观看表演，并思考。 2. 对课本剧表演进行对比思考，并表达自己的观看感受。 片段展示 生1：看了《古代英雄的雕像》，我深有感触：一个人，有了一点成绩千万不能骄傲，否则将自取灭亡。我就有这样的缺点，作为班干部，我总觉得自己高人一等，不怎么瞧得起普通同学。今后，我要改正自身的缺点，和同学们团结合作，互相取长补短，共同学习，共同进步。	1. 通过对比思考，锻炼辩证思维的能力，培养学生积极思考的习惯。 2. 从课本剧表演中获得启发以及新的认知。 3. 通过课本剧的演绎，让同学们从新的视角去看待文学，获得新的体会。

续表

教学环节	教师活动	学生活动	设计意图
总结本课，期冀未来	1. 教师进行总结，并提出相关问题促进学生课后的阅读以及探索。 片段展示 师：多么感人的场面啊！正是因为大家通过阅读，心灵与文学作品碰撞出了火花，才能演绎出如此动人的故事。老师为大家表现出来的创造力与合作精神感到高兴。从你们热情的笑脸中，从你们充满渴望的眼神中，老师看到了你们对文学的热爱，也看到了文学对你们的熏陶。那么，在今后的学习中，让老师和大家一起在文学的殿堂畅游，让我们的心灵在文学的滋养下更加美丽丰盈！让我们一起喊出"文学小观园·精彩大世界"。（学生齐声说）此时，点击电脑，再次出现"文学小观园·精彩大世界"的主题画。	1. 学生对于本次课程进行反思总结，并在课后对不同作者的作品进行阅读，并写下读后感。 2. 学生课后还可进行小组合作的活动，激发学生对于文学的热爱。	学生了解到文学是人类文明的瑰宝，并能对于课上提及的文本进行课后的进一步探索。

二、教与学的实际过程

本次活动教与学的实际过程主要围绕"文学小观园·精彩大世界"的主题开展。通过形式多样的活动将文学用不同的方式去演绎出来，有口头表达的感想、书面的手抄报、课本剧表演，让学生通过文本的不同表达去获得不同的体会和认识，增强对于文学、作者的理解，提升文学感受力，提高文学素养。

课前准备与实践环节，教师让学生们自行阅读书籍，并写下读后感。教师了解情况后，将全班学生根据异质原则进行合理分组，由学生自行选择小组长、自行制定方案、自行进行演练与制作，组长将情况进行上报。教师根据线上和线下的了解以及组长的汇报，对整个活动探究过程有一个整体的认知。

课中组织与体验环节，教师作为引导者，需要对课上进行的展示活动进行一个整体的把控，适时引导学生进行交流与评价，而每组汇报之后教师也需初步评价，以便学生课后的作品完善。无论是师评、生评，都能引起学生的思考，对比不同小组的作品，锻炼学生的辩证思维，从而取长补短，共同成长。

课后反思与拓展环节，学生根据课上活动的情况进行反思总结，并对课上介绍的文本进行课下的阅读以及再阅读，从而获得更多的收获。

三、教学评析反思

（一）教师意识与教学现状的制约

教师的意识和素质的区别对学生的指导作用产生影响，成为学生进行探究学习、展示交流的绊脚石；在现有中、高考政策下，学校普遍追求升学率，对拓展式语文学习的开展积极性不高，要实现拓展式语文学习活动的实效性，有一定的难度。

（二）教学设施无法满足条件

中学活动教学的开展，是为了有效地提高学生的自主学习能力、探究能力和创造性思维的能力，因此其教学的内容比较丰富。由于中学语文教材的多样化文本，对于活动形式的开展也应当以多种多样的方式进行，以满足不同学生的个性化学习需求。因此，教学的相关要求比较高，尤其是各种先进的教学设备及用品等。但是就目前中学语文活动教学的开展情况来看，部分学校的教学设施并不满足其教学需求，受到经济条件的影响还存在着较大的缺陷，进而使得中学语文活动教学的开展及推广受到阻碍。

（三）教学活动未能达到"有效"

活动教学模式是一种比较新颖的教学方式。但是目前许多教师开展活动教学只是一个噱头，流于形式化，造成教学活动的有效性达不到预期，不能最大限度地提高学生的能力，同样也限制了学生综合能力的提升。

第三节　联系生活　体验活动

著名教育家陶行知先生提出了"生活教育"思想，而活动教学模式能将生活中的有关内容与教学内容进行有机的结合，模拟真实情境，让学生在体验活动的过程中体验真实的生活，让学生将自己已有的知识经验和生活经验与学习有机结合，提高学生对于知识的认知能力，从而构建"在生活中学习"的趣味课堂，真正践行陶行知先生的"生活教育"的思想。

一、教学设计

（一）基本思路

为了落实新课标的要求，首先要对活动主题、活动内容进行甄选，对活动的目标、方向以及进程安排进行一个整体的规划，活动的主题、内容应该密切联系学生的生活实际，能够充分体现学生的主体性，发挥学生的主观能动性，能够让他们在生活中学习，在学习中体验，在体验中求知，在求知中成长。

在进行《网购小达人》课堂设计时，教师先让学生领略生活中有意义的活动,以小课题研究的基本形式,小组自行选择感兴趣的小课题进行方案的制定。学生之间通过课题组内交流、探讨方案、收集与处理信息、调查访谈、展示汇报等一系列实践活动,了解当今发达的网购文化,培养学生辨证看待问题的思维方式以及对社会问题关注的意识,形成正确的价值观,培养学生热爱生活、热爱祖国的思想感情。[①]

(二)活动目的

在不同的活动主题中,目标往往不是单一的,而是多元、开放的,而目标的制定也需要结合多种因素,包括学生的需要、社会生活的需要以及学科专家的建议。[②]所以,《网购小达人》综合实践的目标设计如下:

通过本次实践活动的开展,学生亲历资料的收集、对比和整理,发展学生的思维辨证能力,获得亲身经历的积极体验和丰富经验,培养学生信息处理能力和自主探究能力。

通过亲身实践有意义、贴近生活的活动,提高学生实践操作的技能技巧,增强学生对社会问题关注的意识,在实践过程中培养学生热爱生活的思想感情。

通过网购网站调查、省钱攻略、选购技巧、售后贴士等多角度对网购文化进行分析与探索,培养学生正确对待对网络购物行为的意识以及理性消费的行为,从而提高社会责任感。

通过不同形式的展示汇报,培养学生的想象力和创造力,发展学生独立思考和团队协作的能力和意识,培养学生的表达能力和沟通能力。

(三)学情分析

本次课程的教学对象是小学六年级的学生,在如今网络发达的时代,这一时代的小学生比以往小学生受到了更多来自网络的冲击,从而可能造成不同的影响。在这一时代的背景下,学生对于网购是熟悉也是陌生的,熟悉的是学生大多都尝试过网络购物,陌生的是学生对于网购策略、技巧

---

① 于靓靓.重视综合实践活动课程促进师生共同发展探赜[J].成才之路,2019(03):26-27.
② 泰勒.课堂与教学的基本原理[M].罗康,张阅译.北京:中国轻工业出版社,2008.

以及方法不尽了解，甚至可以说是一窍不通。因此，本次开展《网购小达人》的活动旨在联系学生的生活实际，让学生从生活中学习，使学生了解丰富的网络文化，学习能运用到生活的知识，以及培养他们正确看待购物的行为以及意识。此外，六年级学生获取知识和信息的途径增多，而本次开展的活动可以培养学生进一步辩证思维的能力。在皮亚杰的认知发展阶段理论中，小学生处于具体运算阶段，他们直观、具体、形象的逻辑思维能力慢慢增强，但抽象能力仍较为有限，从情感上来说与社会生活的各个方面联系密切，这一活动的开展是密切联系学生的社会生活，能引起他们探究活动的兴趣，也具备开展本次活动的基本能力与技能，包括合作意识与能力、独立思考能力、动手操作能力、搜集与处理信息能力等。

（四）活动内容分析

《网购小达人》的活动主题内容是从学生的日常社会生活中取材，是学习网络购物知识与策略方法、实践操作与情感体验相结合的实践体验课。网络购物的知识学习主要从网络购物的产生与发展、未来趋势、省钱技巧、购物攻略等方面展开信息搜集与整理、调查统计、规划设计、访谈实践、自主探究、合作交流等一系列环节，实践操作中注重学生自主探究的能力，以及探究方法的理解和掌握，即使是对于六年级的小学生依然具备一定的难度。因此，本次活动的实践探究需要教师的实时指导和建议，是在教师引导下开展的学生自主探究的活动。整个活动以探究网购策略与方法为主线将学生的理论学习与实践操作相结合，学生学习网购技巧的同时又实践运用了网购的知识，本次活动按照"选定主题—制定方案—亲身实践—成果汇报—反思拓展"的流程开展，让学生在学习中体验生活。

1. 教学重点

了解当前发达的网络技术与文化，培养学生理性消费的意识及行为；通过自主探究、团队合作、调查实践、访谈汇报、评价反思等一系列操作让学生学会与他人合作探究、与他人和谐相处，同时也促进学生的团队协作、自主探究的意识及能力，并且让学生在学习知识的过程中体会到学习的快乐、与他人和谐相处的快乐。

2. 教学难点

掌握正确的搜集与处理信息的方法，自主探究、合作探究的策略及方法，提高学生的综合素质以及多方面的能力，尤其是实践操作的能力。

（五）教学策略设计

明确主题，制定方案阶段：《网购小达人》与学生的日常生活联系密切，学生对于这个主题的兴趣浓厚。因此，本次活动采取学生自行选择感兴趣的方面去实践探究，自行分工、自行制定合理的活动安排，选择合适的调查方式以及作品成果。

自主探究，作品制作阶段：以小组为单位，一组5—6人，一人担任小组长，其余组员发挥自己的特长扮演好自己的角色，通过收集资料、整理资料、调查访谈、动手操作、规划设计、实地考察等方式完成作品的制作，在制作作品的过程中教师需要全程进行实时的指导，给予有建设性的意见，引导学生进行讨论交流，表达彼此的想法，激发学生的创造力和想象力。

成果汇报，总结评价阶段：这一阶段学生可以自行选择喜欢或者合适的汇报方式，比如口头汇报、书面汇报（书法、绘画、主题作文等）、表演汇报（话剧、相声、小品、曲艺等）、工艺作品等。教师作为"指导者""引领者"，需要全程监督学生的汇报过程，并在汇报过程中适当提问，引起学生的思考并推进汇报进程。与此同时，应该采取多元化和综合性的评价方式，从实践内容、活动方式、调查过程、汇报成果等方面进行整体客观的评价。

反思学习，拓展知识阶段：这一阶段教师可以依据学生的汇报情况以及取得的经验，提出更深层次的问题引起学生更进一步的思考，或者可以布置课后活动，让学生在已有经验的基础上得到进一步发展。

（六）教学活动过程设计

活动环节		教师活动	学生活动	设计意图
课前探究与实践	实践活动安排	1. 依据"组间同质，组内异质"的原则以5—6人为一组拟定小组成员，学生可以自行更换同质组员，组员民主选举小组长。 2. 依据小组不同的活动内容，统一发布《网购小达人》的任务，如网络调查、选购技巧、省钱攻略、售后贴士等。 3. 全程实时与每一组成员进行沟通，对每一组出现的问题进行具体的指导。 4. 依据学生汇报和教师自行了解的情况，对活动方案、活动目标等进行适当的调整。	1. 小组长综合组员意见讨论选定调查方向和内容；细分任务及内容，确保每一个组员的参与。 2. 组长汇集组内所有资料，在组内进行讨论并筛选整理资料，每位组员需在导学案中记录实践过程的心得、经验以及较深刻的体会。 3. 组长记录每位组员的分工情况以及进展情况，定期向教师汇报小组具体情况。	1. 培养学生多途径搜集信息的能力（网络、图书馆、访谈人物、实地调查等），培养学生的发散性思维。 2. 通过小组合作分工、团队协作，促进学生的合作意识及能力的培养，培养学生人际交往的能力。 3. 教师通过线上和线下的指导沟通、导学案的记录以及组长的反馈，较为全面地掌握学生的进展情况，为接下来的客观评价打下良好的基础。

续表

活动环节	教师活动	学生活动	设计意图
课前准备工作	由学生自行报名主持人,一男一女即可,与学生进行汇报流程方面的沟通指导,学生需自行撰写主持稿,教师需观看一次学生的主持彩排,并给予意见,教师负责修改完善以及彩排工作。	自愿参加的两名学生需互相交流、互相配合,根据教师的要求撰写一份主持稿,主持稿经教师修改完善后,学生自行彩排数次,并在教师指导下进行一次彩排。	1. 充分体现学生的主体性,将课堂交给学生。 2. 通过学生上台主持,增强学生的表现力,树立学生的自信心。
课中组织与体验	谈话导入,激趣引思	谈话导入:2018年5月,来自"一带一路"沿线的20国青年评选出了中国的"新四大发明",你们知道是什么吗?	在课前,同学们都亲自网购了一件商品,先来分享一下你们的网购经历吧! 生:高铁、扫码支付、共享单车和网购。	让学生了解网购的基本知识,用有趣的知识并联系学生的生活快速进入主题,引起学生的兴趣以及注意力。

续表

活动环节	教师活动	学生活动	设计意图
课中组织与体验	师：对于全面影响人们衣食住行的网购，你们了解哪些呢？	生1：在淘宝买了10支英雄牌钢笔，算下来一支才2元8角钱，非常便宜，也很好用。生2：我在京东买了1箱牛奶，晚上下单，第二天早上就送到了，非常快。生3：我在淘宝买了上信息课的鞋套，已经好多天了，都没有收到东西。	
	师：如何充分发挥网络的便利，买到称心如意的商品呢？这节课咱们就一起分享经验、寻找策略，争做一位网购小达人。老师也通过线上的指导、同学们上交的导学案和组长的汇报情况，了解到每一小组都很用心准备，同学们也对此次活动很感兴趣。相信接下来各小组的汇报也会非常精彩，期待同学们的表现。	主持人精彩开场：在过去的一个星期里，我们以小组合作的形式共同开展了"网购小达人"的主题活动。同学们可谓是火力全开，积极参与，共同期待今天的成果汇报。事不宜迟，下面我们就请各小组代表依次上台来展示他们的活动成果。	对学生一个星期的表现给予正向的评价，将时间留给学生，激发学生参与课堂的兴趣与热情。

续表

活动环节	教师活动		学生活动	设计意图
课中组织与体验	顺序汇报，展示成果	师追问：天猫一定比淘宝好吗？（3）京东与苏宁易购的比较。	1. 网站小调查小组。（1）创编儿歌《网购小达人》：网络购物真方便，手指点点随便选。想买书，找当当，买家电，找京东。如果还想买买买，当然还得找淘宝。天南海北不用跑，快递直接送上门。你说方便不方便，我就是网购小达人。（2）天猫与淘宝的比较。	1. 学生通过认真听取各组的汇报，比较各组的异同点，进行对比思考，汲取精华，摒弃糟粕。 2. 通过多种不同的评价方式（自评、师评、生评），激发学生思维的活跃性，发现自身的闪光点或不足。 3. 学生在汇报总结的过程中，听取多方意见以及思考教师提出的问题，锻炼辩证思维的能力。
		2. 选购小技巧小组。（1）调查问卷：家里网购的人员有哪些？你们家通常每月网购几次？你们经常访问哪些购物网站？你们经常在网上购买哪些商品？学生进行数据汇报并分析。（2）现场操作选购商品的技巧。		

续表

活动环节	教师活动	学生活动	设计意图
课中组织与体验	师追问：优惠商品一定好吗？	3. 省钱小攻略小组。（1）网购省钱方法思维导图。（2）领取优惠券的技巧介绍。师追问：还有其他办法领优惠券吗？（3）举例介绍如何使用优惠组合省钱。	
		4. 售后小贴士。（1）举例介绍商品在运输过程中出现损坏怎样与卖家沟通。（2）调查问卷统计网购常见问题，视频介绍网购被骗事例。	
	1. 每组一次进行汇报，教师全程监督并提出相关问题，引起学生更深层次的思考，形成良好的积极思考的班级氛围。2. 采取多元化和综合性的评价方式，包括上课表现、调查过程、分工情况、汇报形式等。	1. 每组拿到评委表，对其他所有组的表现进行打分，由组长自行安排打分成员或者轮流打分，并将评价表进行汇总交给老师。2. 认真听取同学的汇报过程并进行合理的打分，积极思考教师提出的相关问题，获得新的收获。	4. 活动的总结和评价是为了让学生正确看待自己与他人，尝试学习他人优秀的地方，摒弃自己身上的缺点。

续表

活动环节	教师活动		学生活动	设计意图
课中组织与体验	总结回顾，拓知拓思	主持人：将各组汇报的内容进行汇总，就成了一份网购指南。但是网购在方便快捷的同时，也对我们的生活带来了一些困扰，大家发现了吗？	生：质量问题，售后问题，网购成瘾……	
		教师出示图片：剁手党、网购焦虑症、包装垃圾、快递哥引发的交通问题。师：既然网购会带来这么多问题，有没有必要再发展下去？师：这些问题有办法解决吗？引出：视频购物、网店诚信记录、共享快递盒、京东无人送货机。	认真听取各个小组的汇报，思考教师提出的问题，与教师一起总结交流汇报的精彩之处，并做好相应的笔记，日后运用网购的技巧。	5. 总结时问题的提出是为了告诉学生这仅仅只是开始，学习是永无止境的，要进行进一步的思考，才能会有质的提升。
	1. 总结各个小组搜集的资料、调查的结果、汇报的形式等，与学生交流讨论精彩之处。 2. 小结：每一次课的结束不是结束，恰恰是开始。希望同学们在课后进一步反思和拓展相关的知识，并思考教师课上提出的问题，学习永无止境，希望未来你们能有更深层次的思考与不一样的成果。			

二、教与学的实际过程描述

本次活动教与学的实际过程主要围绕"实践探究"这一活动展开。

（一）课前

教师根据各种因素制定合适的活动主题以及内容，学生根据活动的主题自行选择活动的方向和制订计划。比如，访谈环节要详细讨论"访谈谁、访谈时间、访谈地点、访谈具体内容、谁记录、谁拍照片、访谈时的注意事项"等问题，充分体现学生的自主性和主动性，发挥他们的优势去完成任务，扮演好自己的角色。教师应该引导学生进行活动并及时给予有建设性的意见，促进学生搜集与处理信息、调查访谈、规划设计等环节更好地完成。

（二）课中

课中主要进行的是作品的汇报交流等环节，这一环节旨在让学生了解不同小组的汇报方式以及内容，促进他们进行对比思考，并相互交流意见，促进学生辩证思维的发展。活动的评价采取多元的评价方式，应给予学生足够的时间和空间以及较客观的评价标准，培养学生独立思考的能力，并能在评价的过程中取长补短，促进师生的共同成长。

（三）课后

总结过后，鼓励学生运用活动中学到的知识和技能，让课上学到的知识熠熠生辉，栩栩如生，而不是停留在理论层面。而教师的发问和任务布置可以引起学生进一步的探索和思考，从而拓宽思维、拓展知识。让学生明白"活到老，学到老"这句话的真正含义。

三、教学评析反思

（一）选择有意义的活动主题

本次开展的综合实践活动，是以网购文化为主线，贯彻课前、课中、课后三位一体的教学活动。选择的活动主题必须贴近学生的社会生活，并能让学生在课后能进一步探索,也能提升学生的生活价值,而且能确保学生学到的知识能够运用于未来的生活,将教学活动与学生的生活经验进行充分有效的融合,教师的"教"和学生的"学"都能提升到一个更高的层次。

(二)促进活动的"有效"

在活动开展过程中,难免会出现冲突、矛盾以及难题,教师需要适时引导学生进行活动,也需要给予具体的指导与建议,同时如果某方面不可行,还需要给予适当的调整。总而言之,活动教学模式是以学生为主体的,但教师也需要在活动过程中扮演关键的角色,而不是放手让学生们自己去"鼓捣",从而才能促进活动的"有效"进行。

第四节 拓展激趣 实践活动

活动教学模式是教师将学习内容整合为学生活动内容,让学生在活动中获得知识的教学模式,不仅能让学生在各种各样的活动中实践,激发并拓展实践活动的兴趣,进而激发、拓展对于学科教学的兴趣,而且能调动学生对于学习的积极性,让学生充分地参与到教学中来,提高学习效果,从而引领学生在快乐中学习,在快乐中成长。

一、教学设计

(一)基本思路

习近平总书记在全国教育大会上的重要讲话指出:要努力构建德智体美劳全面培养的教育体系,形成更高水平的人才培养体系。美术教育对于学生的身心培养与德育、智育、体育、劳育有同等地位的作用,对于处在发展中的学生是不可或缺的。因此,美术作为实践性很强的一门学科,应结合活动教学模式来开展教学;美术也是一门特殊的学科,需将认识和实践相统一,在美术的教学活动中去发展学生,引导学生去发现新的知识,培养审美能力，引领师生共同成长。本次教学带领学生动手去"画画"，改造日常生活中的物品（如白色 T 恤、白鞋、啤酒瓶、纯色花瓶、鹅卵石等），将绘画知识与技能运用到生活当中，发挥自己的想象力去创造，画出独属于自己的作品，能更好地培养学生的动手能力与创造力，提升学生的审美情趣。

（二）活动目的

了解丙烯颜料（绘画材料）的用途以及一般知识，提升学生的绘画知识；

通过自主探究和团队合作相结合的方式，培养学生自主探究的能力和合作交流的能力，锻炼学生的人际交往能力与合作解决问题的能力；

通过对日常生活物品的再绘画，激发学生对美术课堂的兴趣，培养学生与同学和教师之间的感情，了解到"生活中的美术"，培养学生的创新思维，树立学生的自信心；

通过自主选题、自主组队、自主绘画、自主探究四个小组，激发自主能动性以及动手操作的能力，锻炼自主性；

绘画主题为"保护自然"，既可以训练学生的绘画能力，同时又有利于激发学生保护环境的意识，潜移默化中培养学生保护大自然、热爱大自然的思想感情。

（三）学情分析

八年级学生思维能力发展较快，自我意识增强，有较强的求知欲和表现欲，对于贴近生活的绘画，可以满足他们的求知欲，而展示绘画作品可以满足他们的表现欲，增强自信心。八年级学生经过几年的义务教育，已经有合作学习的经验，并且有较强的思维能力和自主探究能力，满足开展这次活动课的条件。八年级学生处于青春期，是价值观塑造的关键时期，通过"保护自然"的主题活动，学生能激发起内心的同理心，去热爱并敬畏自然万物。

（四）活动内容分析

艺术来源于生活，美术来源于生活，也应该回归生活。由于应试教育的影响，大多学校并不重视对学生审美教育的熏陶，导致学生重智力轻美育，不利于学生的全面发展。因此，本次活动的主要内容是了解丙烯颜料的用途以及注意事项，比如这次绘画作品的创作的主打颜料是丙烯颜料，让学生在绘画前、绘画中了解丙烯颜料并合理运用；选择白色T恤、白鞋、废弃的啤酒瓶、白胚、鹅卵石等来进行绘画制作，发挥学生天马行空的想象力，发挥学生的主观能动性去创造，并能满足学生的表现欲望和增强学生自信心，也能激发学生热爱大自然、保护大自然的思想感情。

1. 教学重点

了解丙烯颜料的相关知识，比如用途、注意事项等，学会运用到生活中去培养学生的动手能力，提升学生的审美情趣和创新思维能力。

2. 教学难点

体验开展研究活动的一般步骤与方法，锻炼培养学生的观察能力和分析、比较的思维能力。

（五）教学策略设计

本次活动分课前探究与实践、课中组织与体验、课后反思与拓展三个环节贯彻美术教学，其中课前探究与实践为期一周，课中具体的教学流程设计为：揭示主题，激活兴趣（课前）——自主分组，划分主题（课前）——小组合作，实践探究（课前）——汇报成果，交流评价（课中）——反思提升，拓展知识（课后）。

在课前为期一周的时间里，教师先以对话的方式向学生揭示主题"保护自然"，并让学生用丙烯原料进行创作，限定主题和颜料并不是限制住学生创作的空间，而是为了让教学更顺利地进行，画一个"圈"让学生去创作，能让他们更深刻地学习丙烯颜料的知识及用途。教师引导学生大致了解丙烯颜料的用途，学生自行分组并选择感兴趣的方面去创作，分为文化衫小组、多彩鞋小组、文艺瓷小组等，然后各组推选出小组长，自主查找资料并制定方案，小组长需要汇总各组分工情况及进展情况，确保每一组的探究与实践顺利进行，最后组长需提交汇总报告。

在课中组织与体验环节，教师引导学生代表上台展示相关作品并表达创作的意图，让学生了解丙烯颜料在不同的载体上的不同展现。待汇报完毕后，教师需要引导学生去制定评价标准并互相交流，尝试对作品进行多维的评析。

在课后反思与拓展环节，学生在了解丙烯颜料后，教师可以再提出相关问题以及拓展相关知识，让学生保有将美术绘画运用于生活的兴趣。

（六）教学过程设计

教学环节		教师活动	学生活动	设计意图
课前探究与实践	揭示主题，激活兴趣	1. 引导学生按照感兴趣的方面自行分组，一组7—8人，自行推选小组长，并让小组长上交各组名单，同时要确保每一位同学的参与。 2. 通过与学生互动对话渗透丙烯知识，并引导学生利用不同的材料作画（比如白鞋、白衬衫、白胚、啤酒瓶、纯白花瓶等）。	1. 按照感兴趣的方面自行分组，一组7—8人。（文艺瓷组：运用丙烯颜料在白胚上作画；文化衫组：运用丙烯颜料在纯色T恤上绘制图案；多彩鞋组：运用多彩的丙烯颜料在白鞋上画画；缤纷鹅卵石组：选取平滑的鹅卵石用丙烯颜料进行创作。） 2. 根据教师指导，查询资料，小组讨论交流了解丙烯的相关知识，了解丙烯颜料的用途。	1. 培养学生对于未知事物的探究能力，以及搜集信息的能力。 2. 通过自行划分小组，培养学生的合作交流能力。

续表

教学环节		教师活动	学生活动	设计意图
课前探究与实践	自主分组，划分主题	1. 教师实时对学生活动进行指导，统一发布任务。 2. 根据学生在划分过程中遇到的问题进行汇总，作为学生疑惑的汇总，并在课上对学生说明。	1. 小组长综合多方意见和兴趣，选定绘画作品素材、绘画方向等。 2. 组长记录分工情况并上报。	1. 通过合作探究培养学生的合作能力以及意识。 2. 教师实时的指导与建议对于学生审美素养的提升有很大帮助，并能为之后的总结评价奠定一个良好的基础。
	小组合作，实践探究	1. 教师实时关注学生，进行实时具体的指导。 2. 根据学生汇报的具体情况对教学目标和内容等进行适当的调整。	1. 组长记录进展情况并将过程中遇到的问题及时与教师进行沟通。 2. 组员撰写日记记录每天的感想和收获。	1. 发挥学生的主观能动性，培养学生的探究能力，贯彻活动主体是学生的理念。 2. 通过实践活动，让学生体会自主创作的快乐，即"劳动快乐"。

续表

教学环节		教师活动	学生活动	设计意图
课中组织与体验	精彩开场，热情激发	师：老师通过组长的汇报和大家日记的记录，知道大家在过去的一个星期里做了充足的准备，准备在今天大展身手，老师也相信同学们会带来极有创意的作品，接下来期待各组的表现。	学生鼓掌，热情开场。	首先对于一个星期的实践给予鼓励，激发学生参与课堂的热情，提高学生的积极性。
	汇报成果，交流评价	1. 对每一组汇报进行评价，并提出相关的问题，引发全班同学的思考。 2. 采取"组间+组内"的评价方式，对学生的汇报作品、探究过程、分工情况进行整体客观的评价。	1. 每组对于作品的寓意进行具体的阐述，并发表自己在实践探究过程中的收获以及遇到的困难。 2. 每一小组依次进行汇报，可以通过PPT、视频、讲故事等形式将作品叙述出来。	1. 学生通过各组不同形式的作品以及汇报方式，学习其他组的优秀经验，获取新的认知。 2. 通过多种评价方式，让学生公正看待结果，也让学生进行思考。

续表

教学环节	教师活动	学生活动	设计意图
评价总结，表彰鼓励	1.对各个小组的表现进行评价（优缺点），与学生一起交流精彩之处。 2.小结：美术是一门艺术，而艺术来源于生活，希望同学们能将今天学到的知识运用到生活中去，丙烯颜料还有很多用途待大家开发，比如假的鸡蛋壳、玻璃瓶、花瓶等，也可以在你的书包上发挥想象力去画一个小图案装饰一下。美术活动课永远不是结束，而仅仅是一个开始。希望同学们在课后去进行更多的探索，期待大家未来的表现。如果有机会，今天的作品以及你们课后进一步探索的作品都会有展示的机会。	1.与教师一起互动交流，学会更多的知识，并记下关键之处。 2.在课后进行进一步探索，能与教师进行交流互动。	1.活动总结是为了让学生进一步了解丙烯颜料的相关知识，提高对于美术活动的兴趣，提高学生的探究能力。 2.学生认真听取各方意见，锻炼思维能力。 3.让学生明白任何一节课的结束都是课后自主探究的开始，贯彻终身学习的思想。

二、教与学的实际过程描述

本次活动分课前、课中、课后三大环节，以学生自主探究为主，教师引导为辅，充分体现了学生的自主性，体现了学生是学习的真正主人。

（一）课前

教师通过选取保护环境的主题，通过丙烯颜料去让学生制作不同风格、不同形式的作品，学生通过自行分组、自主选题、自主探究、自主汇报进行实践，教师需要实时指导学生完成作品的改造以及完善，引导学生克服过程中的困难并给予鼓励，完成课前的探究过程。

（二）课中

在课堂的导入环节，先通过总结、肯定学生过去一个星期的表现，然后再让学生依次汇报，并表达他们在活动过程中的感想以及收获。各组采取不同的形式进行汇报。缤纷鹅卵石小组通过视频播放过去一个星期的创作点滴，再加以作品阐述。作品令人印象深刻，每个组员都先各自创作了一幅作品，然后用鹅卵石组合摆放起来，又是一幅新的画，呈现整体与局部的和谐关系。文艺瓷小组通过 PPT 汇报过程，再将作品进行逐一展示。文化衫小组将自己的作品穿在身上，组员一个接一个地进行展示，然后解说自己身上的作品寓意。多彩鞋小组通过讲故事的方式将制作过程、作品寓意以及感想串联起来。每一小组的作品都是学生想象力的结晶。教师在每一组汇报完成之后进行适当的评价并提出相关问题引起学生反思与思考，在所有小组汇报完成之后与学生互动交流点评。这次比赛不设胜负排名，只进行组间＋组内相互交流、评价（优点、缺点以及可改进的地方），对于个别表现突出的组员进行表彰奖励，激励全班同学。

（三）课后

学生对于教师的总结评价进行思考，并根据教师的课后总结与拓展进一步的探索与实践。

三、教学评析反思

（一）注重学生综合素质的培养

美术活动的开展刚好弥补应试教育的弊端——"唯成绩化"，而美术教育也不应该以教画为唯一的目标，而是要灵活运用各种活动教学发展学生的综合素质。学生在实践过程中能激发对于美术课堂的兴趣，让学生学而不厌，在乐中学，真正促进学生的全面发展，提升学生各方面的素质。

（二）注重教学活动中的发展性

美术与其他学科教学不同，美术教学需要与活动教学模式紧密结合。在美术教学活动中，应该重视对学生个性的发展。无论是学生思维还是能力的发展，能让学生亲身参与其中，体验亲历的快乐，让学生在自主实践与合作探究中提升自己的能力。因此，初中美术教学的关键在于将活动教学模式融入美术教学中，造就高效课堂。无论是培养学生的审美情趣还是全面发展学生的个性都有所裨益。

后　记

我们对高中语文教育改革的探索从未止步。

特别是在新课标、新教材"双新"推进的背景下，我们严格遵循教育规律，以发展学生核心素养为目的的拓展式学习范式，有了进一步的发展。

国务院办公厅2019年发布的《关于新时代推进普通高中育人方式改革的指导意见》指出：积极探索基于情境、问题导向的互动式、启发式、探究式、体验式等课堂教学，注重加强课题研究、项目设计、研究性学习等跨学科综合性教学，这与教育部制定的《高中语文课程标准》（2017年版）提出的"应通过学习活动的设计，营造语言文字运用的情境，引导学生结合资源进行自主、合作、探究式学习。语文学习过程中随时生成的各种话题、问题、拓展材料以及学生成果等，也是非常有意义的课程资料"交相辉映。我们课题组正是基于这种理念，努力探索"拓展式教学"，以期帮助读者把握学生学习自主性与生成性之间的秘妙。

"从实践中来，到实践中去"，正是《拓展式教学：模式与案例》撰写的真实写照。从确定研究选题至今，探索性与引领性，成为我们研究和实践的方向。在撰写本书过程中，我们经常与专家围坐在一起讨论拓展式教学的理论性与实践性、科学性与艺术性、典型性与创新性，并不断对教学案例进行打磨。

"不闻不若闻之，闻之不若见之，见之不若知之，知之不若行之，学至于行而止矣"。本书撰写历时两年，既有找不到方向的困惑、字斟句酌的焦虑，也有豁然开朗的喜悦，携手共进的幸福，整个过程，让我们深切地感受到，坚守本心、放飞梦想、不负时代、执着追求，是一名教师的幸福密码。教师专业成长既是社会要求，也是教师实现人生价值、追求职业理想和职业幸福的根本保证。

  我们希望用自己不太成熟的教育实践和心得作为一份薄礼献给跋涉在教育征途中的同行们，让我们一起在平凡的岗位上燃放激情，用充实的岁月谱写丰满而绚丽的人生。

作者
2022 年 4 月于湛江